PREMIERS EXERCICES

D'ORTHOGRAPHE

ET

D'ANALYSE

ADAPTÉS

A LA GRAMMAIRE DE LHOMOND

PAR

P. MARY

Ancien Inspecteur de l'Instruction primaire

HUITIÈME ÉDITION

PARIS

CH. DELAGRAVE ET Cie, LIBRAIRES

78, rue des Écoles, 78

1870

28746

PREMIERS EXERCICES
D'ORTHOGRAPHE
ET D'ANALYSE

PREMIERS EXERCICES
D'ORTHOGRAPHE
ET D'ANALYSE

ADAPTÉS

A LA GRAMMAIRE DE LHOMOND

PAR

P. MARY

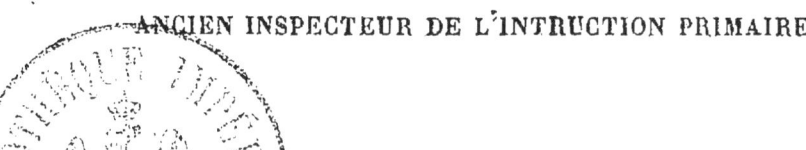

ANCIEN INSPECTEUR DE L'INTRUCTION PRIMAIRE

NEUVIÈME ÉDITION

PARIS

CH. DELAGRAVE ET Cie, LIBRAIRES

78, rue des Écoles, 78

1870

Propriété de l'auteur.

Autun. — Imprimerie de Louis Duployer.

AVANT-PROPOS.

Ce qui rend ordinairement l'étude de la grammaire si difficile et si peu fructueuse, c'est que la plupart des maîtres mettent, dès le début, entre les mains de leurs élèves, des ouvrages qui ne sont pas assez élémentaires. On donne à des enfants de sept ans le livre qu'ils auront encore à quinze; aussi l'étudient-ils sans le comprendre, et souvent les grandes difficultés qu'ils y rencontrent font naître en eux le dégoût, et par suite l'aversion pour le travail.

Il serait bon, ce nous semble, de préparer le jeune enfant à l'étude de la grammaire au moyen d'exercices simples, variés, à la portée de son intelligence. C'est pour faciliter la tâche du maître sous ce rapport, que nous publions ce petit recueil, spécialement destiné aux enfants du premier âge. Dans ce livre qui est des plus élémentaires, on rappelle à la mémoire de l'élève les principes d'orthographe qu'il a dû puiser déjà dans son livre de lecture; puis on lui fait passer en revue les dix espèces de mots dans une série d'exercices qui doivent le familiariser avec les premières difficultés de la grammaire. On a employé, dans ces petits devoirs, les termes les plus simples et les plus usités, afin que l'enfant en comprenne mieux le sens, et fasse plus aisément l'application des règles qu'il aura apprises.

Nous espérons que cet ouvrage épargnera bien des larmes au jeune enfant, et lui permettra d'aborder avec plus de courage et de succès l'étude plus approfondie de la grammaire.

PREMIERS EXERCICES
D'ORTHOGRAPHE
ET D'ANALYSE

INTRODUCTION.

1ᵉʳ Exercice.

Des voyelles et des consonnes.

Limace	colombe	jambe	rideau
douleur	pipe	peine	ceinture
salade	cave	pardon	bandeau
boutique	minute	cuve	lettre
canon	poire	dimanche	table

Relevez les voyelles et les consonnes de chacun de ces mots, de cette manière : limace, *trois voyelles,* i, a, e, *et trois consonnes,* l, m, c.

2ᵉ Exercice.

Même sujet.

Noix	conducteur	orphelin	soirée
martyre	morceau	fourmi	renard
vent	vertu	fromage	tribunal
carton	ouvrage	prudence	flambeau
balcon	tourment	grammaire	charbon
guirlande	bienfait	paysan	voyage

Agissez comme au 1ᵉʳ exercice.

3ᵉ Exercice.

Même sujet.

La Création.

Dieu créa le ciel et la terre en six jours.

Le premier jour, il fit la lumière, en disant : « Que la lumière soit, » et la lumière fut.

Le deuxième jour, il créa le firmament, c'est-à-dire le ciel.

Le troisième jour, il réunit les eaux dans un même lieu pour former les mers, et fit produire à la terre les plantes et les arbres.

Le quatrième jour, il fit le soleil, la lune et les étoiles.

Le cinquième jour, il créa les oiseaux et les poissons.

Le sixième jour, il fit les animaux, puis l'homme, et se reposa le septième jour.

Copiez d'abord cet exercice, puis relevez les consonnes des mots compris dans les huit premières lignes, de cette manière : Dieu, *une consonne,* d; créa, *deux consonnes,* c, r, *etc.*

Relevez enfin, de la même manière, les voyelles des mots compris dans les six dernières lignes.

4ᵉ EXERCICE.

Des lettres et des syllabes.

Page	qualité	visite	rave
image	humide	décime	cerise
pape	pyramide	camarade	rose
cire	robe	époque	besace
lune	puce	catholique	vérité
visage	cirage	limonade	parabole
déluge	farine	parole	mécanique
canapé	figure	volume	honoré
Amérique	musique	cabane	famine

Copiez ces mots, en séparant les syllabes dans chacun d'eux : pa-ge, i-ma-ge.

5ᵉ EXERCICE.

Même sujet.

Radis	mémoire	baleine	lundi
avocat	meule	douzaine	balance
sirop	demeure	boudin	général
repas	laine	mouton	dispute
robinet	peureux	enfant	fourneau

mulet	courageux	parfum	semaine
moineau	bateau	soldat	médecin
menacer	cadeau	discours	Autun
voiture	taureau	neige	récompense
genou	paume	lapin	hôpital
bourse	menteur	plaisir	France

Agissez comme au 4ᵉ exercice.

6ᵉ EXERCICE.

Même sujet.

Berceau	paresse	grandeur	laboureur
victoire	chandelle	cristal	trahison
crapaud	blasphème	tonnerre	graine
vinaigre	éternel	chapelet	trompeur
propreté	tourneur	chaudron	gourmand
troupeau	fenêtre	orthographe	couronne
croûton	drapeau	berger	charlatan
dentelle	prince	plume	prophète
télégraphe	blouse	fontaine	province

Agissez comme au 4ᵉ exercice.

7ᵉ EXERCICE.

Même sujet.

Année	châtaigne	marguerite	guérison
tromperie	pommier	champignon	campagne
cheminée	viande	portier	moitié
patrie	ciguë	gardien	possession
jalousie	psaume	Saül	chirurgien
soupçon	squelette	statue	Sinaï
limaçon	bourgeon	ambition	spectre
longueur	figue	quadrupède	pigeon
Guadeloupe	grammaire	citadelle	tendresse

Agissez comme au 4ᵉ exercice.

8ᵉ Exercice.

Des trois sortes d'e et des accents.

Père	élève	démêlé	ébène
légume	alcôve	médecin	Rhône
pâté	curé	comète	carême
âne	cène	bergère	Thérèse
quête	tête	vanité	mélange
Jérome	fête	rôti	prospérité
piqûre	époque	écume	amitié

Relevez les trois sortes d'e et les accents, de cette manière :

Père, è *ouvert (accent grave) et* e *muet.*
Légume, é *fermé (accent aigu) et* e *muet.*

9ᵉ Exercice.

Même sujet.

Le Chêne et le Roseau.

Le Chêne se moquait du Roseau. « Que tu es petit ! lui disait-il avec mépris. Le moindre vent t'oblige à courber la tête. Regarde-moi; vois jusqu'où s'élève la mienne, et combien est robuste ce tronc qui résiste aux plus furieuses tempêtes. » Tandis qu'il se vante avec tant de fierté et d'arrogance, un ouragan vient à s'élever. Le tonnerre se fait entendre; les éclairs sillonnent les nues; le vent souffle avec violence. Le Roseau plie jusqu'à terre, mais n'est point brisé. Le Chêne, de son côté, depuis la cîme jusqu'aux racines, tient bon et veut résister à l'orage. Il semble d'abord être vainqueur; mais tout-à-coup un violent tourbillon l'enveloppe, l'ébranle, et le renverse au pied du faible Roseau dont il semblait plaindre la destinée.

Plus on est élevé, plus on a lieu de craindre.

Copiez cette fable et relevez les mots où il est fait usage des accents. Vous commencerez ainsi :

Chêne, *accent circonflexe.* Mépris, *accent aigu.*

10ᵉ Exercice.

De a cédille.

Je ferai une balancoire pour mes petits garcons. Le Rhône charrie des glacons. Nous avons recu un riche cadeau. Cette maison a une belle facade. Vous avez un air menacant. Vous ne savez pas votre lecon. Ce macon est très-habile. La ville de Mâcon est fort ancienne. Mon soupcon est fondé. Ce canari chante bien. Les limacons ont fait un grand mal aux blés et aux seigles. Une vaste forêt couvre presque tout ce canton. Il faut une forte rancon pour racheter les captifs.

Copiez cet exercice et mettez les cédilles qui manquent.

CHAPITRE Iᵉʳ ET CHAPITRE II.

Du nom et de l'article.

11ᵉ Exercice.

Noms communs et noms propres.

Table	paul	vache	nicolas
huile	mouton	sabot	asperge
pomme	trou	lune	laboureur
café	claudine	lit	miroir
chemin	paris	adèle	blanc
vin	église	cerise	livre
chèvre	pain	françois	jules
arbre	lait	jean	simon
poire	cirage	écurie	chien
chaise	lyon	chou	jeanne

Copiez ces mots, en ayant soin de commencer chaque nom propre par une grande lettre, et dites l'espèce de chacun d'eux, de cette manière :
   Table, *nom commun*, etc.

12ᵉ Exercice.

Même sujet.

École	anatole	malice	charles
écu	juge	samedi	soulier
édouard	claude	cave	céleri
rabot	épine	élise	le rhône
noce	canard	besace	grenier
pavé	fruit	londres	cheval
race	besançon	afrique	mulet

Agissez comme au **11ᵉ** *exercice.*

13ᵉ Exercice.

De l'article et du genre des noms.

Lion	buffet	perdrix	cerf
poisson	loup	porte	chienne
veau	tisane	mère	blé
pioche	papier	bœuf	biche
pont	père	vigne	couteau
rue	cochon	caille	rave
cour	sentier	brèche	fenêtre
chambre	livre	rasoir	mouche
mur	pruneau	vache	verrou

Mettez l'article **le** *devant les noms masculins et l'article* **la** *devant les noms féminins.*

14ᵉ Exercice.

De l'article et de l'apostrophe.

Homme	été	table	bras
oseille	herbe	sou	armoire
hiver	orme	cuivre	esprit
eau	chaise	montagne	orage
mouche	aumône	muraille	marteau

route	or	ville	enfant
église	âne	agneau	oiseau
habit	orge	argent	serpent
abricot	chapelle	épine	alcôve

Mettez devant chacun de ces noms l'article qui lui convient, en ayant soin d'employer l'apostrophe quand il sera nécessaire.

15ᵉ Exercice.

Récapitulation.

L'eau arrose la terre. Le loup ravit l'agneau. La poule craint le renard. Le laboureur se sert de la charrue. Le bras de l'ouvrier est robuste. Je visiterai Paris et Lyon au printemps prochain. Paul et Louis seront récompensés, s'ils travaillent bien. L'armée française a remporté la victoire. Auguste a très-bien récité sa leçon. Cet enfant aime trop le jeu et le plaisir.

Relevez chaque nom, et dites-en l'espèce et le genre. Vous commencerez ainsi :
    Eau, *nom commun féminin.*

16ᵉ Exercice.

Formation du pluriel dans les noms. Règle générale.

Lit	chaise	huile	pierre
église	poire	bœuf	route
clou	arbre	visage	tiroir
bouteille	mer	vent	livre
rivière	chèvre	vache	maison
table	panier	cerise	pont
papier	chemin	chandelle	clocher
cloche	cou	lapin	fleur

Mettez devant chaque nom l'article qui lui convient ; puis écrivez ces mêmes noms au pluriel, en les faisant précéder de l'article les. Le devoir commencera ainsi :
    Le lit, les lits ; l'église, les églises, etc.

17ᵉ Exercice.

Même sujet.

Étable	bête	aiguille	juge
écurie	brochet	figure	nuage
remise	canif	canard	outil
toit	porte	poule	lime
poisson	rôti	vipère	page
estrade	tête	miroir	robe
fil	puce	boîte	poulet
école	chiffre	cave	banc
image	cheminée	serpent	ardoise
épine	plume	maison	boulanger
magasin	baril	grille	écureuil

Agissez comme au 16ᵉ exercice.

18ᵉ Exercice.

Même sujet.

Ces montagne sont très-élevées. J'aime beaucoup les champignon. J'enseigne la grammaire aux enfant. On trouve dans les pré beaucoup de marguerite. Il y a de belles orgue dans les église de Paris. Mes petits garçon sont ignorants, parce qu'ils sont paresseux. Les limaçon ont fait un grand mal aux blé et aux seigle. Les cheminée de marbre sont fort jolies. Ces poire sont mûres, il faut les cueillir. Les roue de ce moulin sont bien faites. Les chat égratignent, les chien mordent, les serpent piquent. Ces fleur sentent bon.

Copiez d'abord cet exercice, en ayant soin de corriger les fautes qui s'y trouvent ; puis analysez tous les noms qu'il contient, de cette manière :

Montagnes, *nom commun féminin pluriel,* etc.

19ᵉ Exercice.

*Formation du pluriel dans les noms. 1ʳᵉ Exception,
noms terminés par s, x, z.*

Fils	époux	allumette	riz
balance	souris	nez	tapis
matelas	tas	noix	prix
pois	radis	bois	brebis
abcès	bras	fontaine	bas
repas	échalas	soie	laquais
voix	fauteuil	cierge	pays
jambe	source	chien	semis
croix	pas	vis	refus

Agissez comme au 16ᵉ exercice.

20ᵉ Exercice

*Formation du pluriel dans les noms. 2ᵉ Exception,
noms terminés par* AU, EU, OU.

Feu	drap	hibou	jeu
noyau	chou	boule	joujou
caillou	rateau	bras	coq
rideau	oiseau	eau	rosier
couteau	bateau	pruneau	cadeau
chapeau	drapeau	marteau	pou
peau	neveu	nœud	roi
bijou	poêle	veau	repas
cheveu	genou	pot	bois
gâteau	étau	voix	cerise
tuyau	morceau	coucou	rameau

Agissez comme au 16ᵉ exercice.

21ᵉ Exercice.

*Formation du pluriel dans les noms. 3ᵉ Exception,
noms en* AL *et en* AIL.

Animal	tribunal	maréchal	mal
tonneau	travail	soupirail	manteau
haricot	marquis	main	émail

— 16 —

marmite	tuyau	pieu	bal
bail	canal	gouvernail	régal
verrou	portail	corail	éventail
cardinal	canari	général	détail
anneau	cristal	ruisseau	pruneau
monceau	poireau	sou	caporal

Agissez comme au 16ᵉ exercice.

22ᵉ EXERCICE.

Formation du pluriel dans les noms. 4ᵉ Exception, aïeul, ciel, œil, et récapitulation.

Œil	journal	prairie	rival
mal	arsenal	oie	bijou
ciel	hôpital	trou	clou
agneau	charrue	attirail	corbeau
compagnon	vœu	hareng	brebis
danger	secours	cheveu	genou
aïeul	paysan	métal	fuseau
pigeon	jardin	cerceau	bouleau
camail	sanglier	crucifix	horloge

Agissez comme au 16ᵉ exercice.

23ᵉ EXERCICE.

Noms du pluriel à mettre au singulier.

Les noix	les oiseaux	les ânes
les maux	les greniers	les brebis
les vignes	les soldats	les veaux
les tigres	les cardinaux	les fils
les habits	les marteaux	les encriers
les trous	les bœufs	les bouleaux
les généraux	les eaux	les fenêtres
les pierres	les troupeaux	les canifs
les bureaux	les châteaux	les voitures
les pieds	les nuits	les essieux
les blés	les tenailles	les plantes
les animaux	les loups	les chapeaux

les caves	les hirondelles	les mulets
les laquais	les roseaux	les agneaux
les pains	les haricots	les étaux
les chevaux	les pois	les joyaux

Ecrivez au singulier les noms qui précèdent.

24ᵉ Exercice.

Article simple, le, la, les.

Article composé, du, des, au, aux.

Le cœur	l'avare	l'oreille	l'heure
l'âme	la lanterne	l'animal	le pays
la gelée	l'alphabet	l'action	la forêt
le héros	le malheur	la loi	le défaut
le vieillard	le singe	l'injure	l'abricot
le logis	l'hôpital	le four	la corde

Mettez d'abord ces noms au pluriel, puis placez devant chacun d'eux, tant au pluriel qu'au singulier, les mots de et à, que vous combinerez avec l'article quand il sera nécessaire. Le devoir commencera ainsi:

Le cœur, les cœurs, du cœur, des cœurs, au cœur, aux cœurs.

25ᵉ Exercice.

Formation du pluriel. — Récapitulation.

Les élève paresseux seront punis. Ces beaux tapis ont été fabriqués à Autun. Ne rejetez pas mes avis. Amenez vos ami quand vous viendrez me voir. Ces bijou sont d'un grand prix. Mes deux neveu se sont distingués dans la dernière bataille. Les méchant sont détestés. Les taureau paissent dans les prairie. Plusieurs ruisseau arrosent cette vallée. Les bois sont peuplés d'oiseau. Ces jeu ne m'amusent pas. Les eau couvrent la plaine. Ces hameau sont très-éloignés de l'église. Le mouton et la colombe sont des animal timides. Les verrou de cette porte ne sont pas assez solides.

Copiez cet exercice et corrigez-en les fautes; puis analysez les articles et les noms qui s'y trouvent. Vous commencerez ainsi :

Les *article simple, masculin pluriel, se rapporte à* élèves, *etc.*

26ᵉ Exercice.

Même sujet.

Si vous travaillez bien, je vous donnerai des cerise et des abricot pour votre goûter. Les oiseau, tels que les pigeon, les paon, les moineau, les corbeau, les fauvette, les coq, n'ont tous que deux patte. Les animal qui ont quatre patte ou quatre jambe se nomment quadrupèdes. Les quadrupède les plus connus sont : les chien, les cheval, les âne, les pourceau, les mouton, les veau, les bœuf, les vache, les agneau, etc. Les divers canal qui sillonnent ces pré les rendent plus productifs. Les journal sont très-intéressants en ce moment. Deux général ont été tués dans le combat qui a décidé de la victoire. L'or et l'argent sont les plus précieux, le fer est le plus utile des métal. Prenez garde de laisser tomber ces bocal. Ce char pèse trois quintal. On a mis sous les verrou plusieurs filou surpris à visiter les poche des bons paysan qui, à la dernière foire, s'étaient rendus à la ville.

Agissez comme au 25ᵉ exercice.

27ᵉ Exercice.

Même sujet.

La terre, autrefois, était déserte; elle n'avait ni habitant, ni ville. Les forêt n'avaient point d'oiseau, les fleuve n'avaient point de poisson. Dieu crée le soleil, la lune, les étoile, les animal, puis l'homme et la femme qu'il place dans un beau jardin. Là, nos premiers parent étaient fort heureux; ils ne connaissaient ni les souci, ni les passion. La terre fournissait une nourriture abondante; elle ne produisait point d'herbe nuisibles, mais seulement les fruit les plus délicieux. Des source pures arrosaient les campagne; des oiseau harmonieux remplissaient les forêt. Mais bientôt l'homme ingrat oublia Dieu. Aussitôt la nature est bouleversée; les nuage cachent le soleil; l'hiver survenant détruit les fleur et la verdure; l'air apporte les maladie et la peste; tous les mal, en un mot, viennent accabler le genre humain.

Agissez comme au 25e exercice.

28e EXERCICE.

Même sujet.

Trois vaisseau vinrent échouer sur les côte de l'île. Les détail de cette histoire sont très-intéressants. Maintenant je puis me reposer, tous mes travail sont terminés. Faites enregistrer ces bail, si vous désirez qu'ils soient valables. Je ne sais dans quelle mer on a pêché ces corail. On vend dans ce magasin de bons couteau et des ciseau fins. Les soupirail de cette cave sont trop étroits. Les hibou sont des oiseau de nuit. Les mal de dents sont très-douloureux. Les pou sont des insecte qui s'attachent au cheveu des enfant et des personne malpropres. Portez ces éventail à vos sœur, elles en auront besoin, car la chaleur est très-forte aujourd'hui. Le frottement de deux caillou produit des étincelle. Les œil sont le miroir de l'âme. Le prisonnier se jette au pied du prince; il embrasse ses genou, et le supplie de lui rendre la liberté. Les astres brillent aux ciel. Mettez de côté ces joujou, car vous n'êtes plus un enfant. Je compte parmi mes aïeul des homme d'un grand mérite.

Agissez comme au 25e exercice.

29ᵉ Exercice.

Du complément du nom.

La crainte du Seigneur est le commencement de la sagesse. *Le manteau* de mon *frère* est déchiré. *La chaleur* du printemps ranime les *vieillards*. Les feuilles des arbres donnent de l'ombrage. *Les fleurs du jardin* charment les *yeux*. L'exercice modéré de la chasse entretient la santé. Cet *enfant* connaît très-bien *les règles* de la grammaire. *Le fruit du marronnier* est amer. Nous devons obéir à la *voix* de la conscience.

Relevez les noms qui sont compléments, de cette manière : Seigneur, *complément de* crainte, *etc. Vous mettrez ensuite au singulier les noms du pluriel, et au pluriel ceux qui sont au singulier ; n'agissez ainsi que pour les mots écrits en italique. Vous commencerez ainsi :*

Le manteau, les manteaux, etc.

30ᵉ Exercice.

Récapitulation sur les noms.

L'eau fait tourner le moulin. Le maçon bâtit la maison. La charrue du laboureur est utile. L'Empereur habite un beau palais. Le chien poursuit le lièvre. Le chasseur tue la perdrix. Les troupeaux broutent l'herbe des prés. Le soleil fait mûrir le raisin. Pierre et Paul s'amusent au lieu de travailler. Le laboureur trace les sillons avec la charrue. Les fleurs paraissent au printemps. L'enfant apprend sa leçon. La fermière vend le lait et le fromage. Le séjour de Paris me plaît.

Relevez tous les articles et les noms de cet exercice et dites-en l'espèce, le genre et le nombre, de cette manière :

L', *mis pour* la, *article simple, féminin singulier, se rapporte à* eau.

Eau, *nom commun féminin singulier.*

31ᵉ Exercice.

Récapitulation sur les noms.

La Fourmi et la Colombe.

Une fourmi, pressée par la soif, descendit dans une fontaine ; mais, entraînée par le courant, elle allait périr. Une colombe, ayant vu le danger de la fourmi, arracha une petite branche d'arbre, et la jeta dans la fontaine. La fourmi, se plaçant sur ce faible rameau, échappa au danger. Quelque temps après, un oiseleur, armé d'un arc et de flèches, s'avançait à petits pas pour tuer la colombe. La fourmi, se souvenant du bienfait qu'elle avait reçu de la colombe, piqua l'oiseleur au talon. Sentant la douleur, il laissa tomber son arc, et la colombe eut le temps de s'envoler.

Cette fable nous apprend que le plus léger bienfait reçoit tôt ou tard sa récompense.

Agissez comme à l'exercice précédent.

CHAPITRE III

De l'adjectif.

32ᵉ Exercice.

De l'adjectif.

le bon père,
le joli oiseau,
le blé mûr,
l'enfant docile,
le clocher élevé,
le beau jardin,
la petite chambre,

la belle maison.
le pré vert.
le livre malpropre.
la fille charmante.
le fruit gâté.
le garçon poli.
le corbeau noir.

le vin rouge,   l'animal sauvage.
la véritable amitié,   l'histoire ancienne.
le pays fertile,   le vaste désert.

Copiez cet exercice et soulignez les adjectifs qui s'y trouvent.

33° EXERCICE.

Formation du féminin dans les adjectifs.
Règle générale.

le garçon gai,   la fille . . .
le grand rideau,   la . . . maison.
le mauvais vin,   la . . . liqueur.
le haut clocher,   la . . . montagne.
l'habit bleu,   la robe . . .
l'homme savant,   la femme . . .
le melon excellent,   la poire . . .
le chapeau rond,   la table . . .
le canal profond,   la rivière . . .
le couteau pointu,   la lame . . .
le manteau gris,   l'étoffe . . .
le fardeau lourd,   la charge . . .

Copiez cet exercice, en remplaçant les points par l'adjectif précédent mis au féminin.

34° EXERCICE.

Adjectifs du féminin à mettre au masculin.
Règle générale.

La cheminée étroite,   le cabinet . . .
la nuit noire,   le caveau . . .
la robe déchirée,   le pantalon . . .
la mesure pleine,   le boisseau . . .
la petite chaumière,   le . . . appartement.
la ville voisine,   le hameau . . .
la figure laide,   le visage . . .
l'eau chaude,   le vin . . .
la couleur brune,   le teint . . .
la raison saine,   l'esprit . . .

Copiez cet exercice, en remplaçant les points par l'adjectif précédent mis au masculin.

35ᵉ Exercice.

Formation du féminin dans les adjectifs.
Règle générale.

Utile . . . Cheval, bœuf, vache, charrue.
Vert . . . Rameau, branche, tapis, toile.
Honnête . Homme, femme, paysan, fille.
Sage . . . Garçon, enfant, écolière, homme.
Jeune . . Arbre, chat, souris, chienne.
Vide . . . Tonneau, cruche, bouteille, verre.
Rusé . . . Personne, homme, air, renard.

Joignez chaque adjectif aux noms qui le suivent, en ayant soin d'accompagner chaque nom de l'article. Le devoir commencera ainsi :

Le cheval utile, le bœuf utile, etc.

36ᵉ Exercice.

Même sujet.

Léger . . Corps, étoffe, armoire, fardeau.
Long . . Bâton, route, course, allée, barbe, sermon.
Public . . Autorité, trésor, place, édifice.
Caduc . Age, santé, maison, mal.
Turc . . Peuple, nation, ville, vaisseau.
Discret . Avocat, confident, conduite, personne.
Secret . . Dessein, résolution, pensée, dépense.
Complet. Victoire, ouvrage, appartement, œuvre.
Inquiet . Regard, humeur, sommeil, curiosité.

Agissez comme au 35ᵉ Exercice.

37ᵉ Exercice.

Formation du féminin dans les adjectifs. 1ʳᵉ Exception, adjectifs terminés par EL, EIL, ON, EN, ET.

Bon . . . Raisin, fruit, salade, poisson, viande.
Ancien . Ville, livre, méthode, nation.
Eternel . Vie, demeure, être, adieu.
Vermeil. Joue, pomme, couleur, fruit.

Muet . . Garçon, fille.
Mortel . Homme, dépouille, coup, douleur.
Epais . . Planche, mur, semelle, encre.
Las . . . Voyageur, servante, cheval, brebis.
Gros . . Arbre, horloge, meuble, bouteille.
Beau . . Jardin, chambre, figure, chemin.
Nouveau Saison, vin, voiture, année.

Agissez comme au 35ᵉ exercice.

38ᵉ Exercice.

Même sujet.

Sot . . . Propos, parole, orgueil, entreprise.
Gentil . . Enfant, fille, garçon.
Bas . . . Rivière, vue, ton, étage, salle.
Mou . . . Cire, cheval, âne, édredon.
Fou . . . Action, espoir, tête, chien.
Vieux . . Ami, coutume, cheval, outil.
Cruel . . Punition, châtiment, bête, peuple.
Violet . . Ruban, robe, couleur, drap.
Paysan . Tournure, air.

Agissez comme au 35ᵉ exercice.

39ᵉ Exercice.

Formation du féminin dans les adjectifs,
2ᵉ *Exception.* — 3ᵉ *Exception.*

Actif . . . Personne, médecin, serrurier, maîtresse.
Neuf . . . Cravate, chapeau, table, pont.
Blanc . . Drap, robe, maison, drapeau.
Frais . . Hareng, eau, lieu, terre.
Sec . . . Eté, branche, linge, chemise.
Franc . . Lettre, cœur, homme, personne.
Malin . . Fièvre, esprit, enfant, joie.
Bénin . . Remède, saison, naturel, maladie.
Naïf . . . Personne, réponse, discours, ton.
Vif . . . Foi, froid, chair, eau, cheval.
Instructif Leçon, conversation.

Agissez comme au 35ᵉ Exercice.

40ᵉ Exercice.

Formation du féminin dans les adjectifs.

4ᵉ Exception. — 5ᵉ Exception.

Heureux . . Ouvrier, servante, mère, prince.
Joyeux . . Bergère, chasseur, reine, vie.
Menteur . . Fille, écolier, sœur.
Trompeur . Femme, marchand, parole, ami.
Doux . . . Visage, peau, regard, saison.
Faux . . . Poids, monnaie, promesse, jugement.
Roux . . . Chevelure, barbe, cheveu, lune.
Protecteur. La reine est ma...
Pêcheur . . Femme.
Tuteur . . Ma mère est ma...

Agissez comme au 35ᵉ exercice.

41ᵉ Exercice.

Formation du féminin dans les adjetcifs.

Récapitulation.

Joli . . . . . Oiseau, campagne, chambre, cadeau.
Sauvage . . Fruit, pomme, animal, bête.
Mûr . . . . Abricot, cerise, prune, raisin.
Beau . . . . Cahier, image, rivière, église.
Frais . . . . Poisson, herbe, lieu, cave.
Bleu . . . . Ciel, fleur, habit, couleur.
Grand . . . Brochet, taille, allée, jardin.
Noir . . . . Suie, charbon, encre, chambre.
Blanc . . . Poulet, oie, robe, vêtement.
Furieux . . Taureau, lionne, animal, bête.
Usé . . . . Rateau, pioche, lame, plume.
Troué . . . Mouchoir, nappe, serviette.
Paresseux . Enfant, fille, maîtresse, servante.

Agissez comme au 35ᵉ exercice.

42ᵉ Exercice.

Formation du pluriel dans les adjectifs.

Fidèle . , . Serviteur, servante, ami, mémoire.
Ingrat . . . Fils, fille, travail, terre.
Bourbeux . Pré, prairie, étang, route.
Pointu . . Clocher, aiguille, épée, chapeau.
Violent . . Remède, tempête, douleur.
Blanc . . . Marbre, pierre, peau, cheveu.
Nuisible . Animal, insecte, chenille, pluie.
Bleu . . . Couleur, œil, robe, habit.
Frais . . . Beurre, crème, matinée, œuf.
Profond . . Ruisseau, mer, puits, plaie.
Adroit . . Pêcheur, femme, ouvrière.
Long . . . Cheveu, oreille, habit.
Vigoureux Animal, main, action.

Agissez d'abord comme au 35ᵉ exercice, puis mettez le tout au pluriel.

43ᵉ Exercice.

Formation du pluriel dans les adjectifs.

la pluie continuelle,	les...
le pays chaud,	les...
le prince belliqueux,	les...
le coup fatal,	les...
la ville principale,	les...
le hameau principal,	les...
le vent glacial,	les...
le garçon boudeur,	les...
le beau visage,	les...
le poison violent,	les...
le faux billet,	les...
le rival dangereux,	les...
la fourmi travailleuse,	les...
le caveau souterrain,	les...
le vin vieux,	les...

le journal intéressant, les...
la montagne élevée, les...

Mettez au pluriel les adjectifs et les noms qu'il ac-s compagnent.

44ᵉ Exercice.

Adjectif démonstratif.

Beau livre,	menton pointu.
Vieil ami,	œil bleu.
Arbre élevé,	trou profond.
Grande maison,	visage brun.
Chien fidèle,	vieux château.
Cheval fougueux,	art libéral.
Nouvel ouvrage,	hache tranchante.
Bonne route,	terrain gras.
Vice honteux,	monument ancien.
Liqueur vermeille,	belle horloge.
Chapeau noir,	bergère active.
Haie touffue,	bête féroce.
Terre fertile,	visage triste.
Habit malpropre,	ami abandonné.
Muraille épaisse,	vieille tour.

Placez l'adjectif démonstratif devant chacune de ces expressions, puis mettez le tout au pluriel.

45ᵉ Exercice.

Même sujet.

— tableau est le travail d'un peintre fameux. — enfant a un bon caractère. — rosier est gelé. — verdure est belle. — toile est blanche. — hommes sont laborieux. — enfants sont dociles. — travail est long. — monument est ancien. — pêche fut abondante. — héros fut vainqueur. — bataille fut décisive. — point de vue est charmant. — vigne est productive. — arbuste est vigoureux. — cheval est malade. — habit est usé. — pruneaux sont excellents.

Remplacez chaque tiret par l'adjectif démonstratif.

46ᵉ Exercice.

Adjectifs possessifs.

Mon.... château, robe, table, cabinet, terre, champ, épée, jardin, ami, horloge, agrafe, excuse.
Ton..,. plume, crayon, aïeul, œil, habitude, cuiller, livre, voiture, flûte, pied, bras, étui.
Son.... visite, compagnon, tapis, bail, bijou, projet, aventure, jambe, pantalon, ouvrage, haine,
Notre... demeure, patrie, salaire, souverain.
Votre... maison, récolte, bras, tête, troupeau.
Leur... entreprise, sacrifice, avocat, procès, voiture.

Joignez chacun des adjectifs possessifs aux noms qui le suivent, puis mettez le tout au pluriel.

47ᵉ Exercice.

Adjectifs numéraux.

1.. belle cave, grande armée, joli appartement.
2.. soldat tué, caporal blessé.
3.. sou, écu, livre, mètre.
4.. loup, mouton, veau, vache.
5.. perdrix, lièvre, grive, merle.
6.. moineau, arbre, rue, chemin.
7.. rivière, lac, montagne, volcan.
8.. canon, vaisseau, capitaine, général.
9.. lettre, chou, hibou, cheminée.
10.. homme, tonneau, croix, église.
11.. morceau, fenêtre, bouteille, tapis.
20.. poirier, bœuf, agneau, chèvre.
21.. quartier, robe, magasin, pièce.

Écrivez ces nombres en toutes lettres et joignez-les aux expressions qui suivent chacun d'eux.

48ᵉ Exercice.

Même sujet.

Le 1ᵉʳ volume.
le 5ᵉ étage.
le 20ᵉ soldat.
la 10ᵉ pièce.
ce 2ᵉ tableau.
mon 3ᵉ enfant.
le 6ᵉ rayon.
le 12ᵉ rang.
la 21ᵉ place.
la 20ᵉ province.

la 8ᵉ fenêtre.
la 100ᵉ partie.
le 4ᵉ village.
le 7ᵉ pont.
le 4ᵉ régiment.
la 9ᵉ compagnie.
le 13ᵉ troupeau.
la 15ᵉ classe.
le 16ᵉ canton.
le 17ᵉ vaisseau.

Écrivez ces nombres ordinaux en toutes lettres.

49ᵉ Exercice.

Adjectifs indéfinis.

Aucun . . . crainte, mérite, peine, demeure, plaisir.
Certain . . chose, affaire, ouvrage, secret.
Chaque . . pays, plante, oiseau, école.
Plusieurs . garçon, village, canton, rivière, table.
Quel . . . . heure, personne, papier, vin, cuisine.
Tel . . . . . père, fils, mère, fille.
Tout . . . . peintre, écolière, nation, chambre.
Un . . . . . cerisier, prune, boucher, cuiller, fourchette.

Joignez ces adjectifs aux noms qui suivent chacun d'eux.

50ᵉ Exercice.

Récapitulation sur les adjectifs.

Le bel oiseau,
mon joli jardin,
un manteau gris,
la pomme rouge,
quel enfant obéissant,
le père indulgent,
le magnifique portail,

ma cravate bleue.
notre lourd fardeau.
un chou vert.
le lieu désert.
le cheveu blanc.
un mal cruel.
notre ange gardien.

— 30 —

cette vieille masure,
le caveau noir,
ce chapeau rond,
ce canal profond,
un tapis vert,
un domestique sûr,
l'œil bleu,
mon beau palais,
le soldat français,
un élève ingrat,
un ami loyal,
le vent glacial,
un écolier menteur,

ma robe déchirée.
l'habit bleu.
la petite chaumière.
son fardeau léger.
une barbe épaisse.
une eau pure.
le chant gai.
cette grosse baleine.
le péché capital.
un chrétien pieux.
un adjectif numéral.
un enfant malin.
un regard trompeur.

Mettez chacune de ces expressions au pluriel.

51ᵉ Exercice.

Même sujet.

les places publiques,
les terres sèches,
les vents impétueux,
les œufs frais,
les vins nouveaux,
les tonneaux vides,
les sots propos,
les draps violets,
les hommes francs,
les regards doux,
les vieilles coutumes,
les pâtés chauds,
les peuples barbares,
les hommes insensés,
les enfants reconnaissants
ces rivières profondes,
nos livres neufs,
quels bons écoliers,

les cheveux blancs.
les murs épais.
des visages pâles.
les villes anciennes.
les fruits vermeils.
les tapis verts.
des chiens fous.
les chapeaux neufs.
les cheveux roux.
les salles basses.
des poids faux.
les fils soumis.
les pays septentrionaux.
les taureaux furieux.
ces robes brunes.
ces ouvriers adroits.
vos armes dangereuses.
quelles vastes prairies.

Mettez au singulier chacune de ces expressions.

52ᵉ Exercice.

Même sujet.

L'enfant sourd,	la servante...
le marbre poli,	la pierre...
le soldat français,	la nation...
l'animal privé,	la perdrix...
le long discours,	la... route.
le monument public,	la charge...
un bonnet grec,	une toque...
un ami discret,	une personne...
un lieu secret,	une action...
un maître inquiet,	une maîtresse...
un récit complet,	une histoire...
un poids léger,	une terre...
un vin amer,	une boisson...
un hôpital ancien,	une tour...
un coup mortel,	une blessure...
un bouquet artificiel,	une prairie...
un habit violet,	une robe...
un lieu bas,	une chambre...

Copiez cet exercice, et remplacez les points par l'adjectif précédent mis au féminin; puis mettez le tout au pluriel.

53ᵉ Exercice.

Même sujet.

Mon frère gentil,	ma sœur...
le discours sot,	la parole...
un cheval gras,	une vache...
le voyageur las,	une femme...
le gros morceau,	la... mouche.
un mur épais,	une muraille...
le vieux guerrier,	la... histoire.
le bel arbre,	la... chevelure.
le nouveau décret,	la... loi.

un visage pareil,   une figure...
un drap blanc,   une toile...
le linge sec,   la chemise...
un caveau frais,   une cave...
un écolier malin,   une fille...
un ouvrier actif,   une servante...
un enfant jaloux,   ma sœur...
le prince heureux,   la princesse...
le meilleur fruit,   la... pomme
un protecteur,   une...

Agissez comme au 52ᵉ exercice.

54ᵉ Exercice.

Même sujet.

Une mère chérie,   un père...
une chose précieuse,   un livre...
la grosse horloge,   le... poisson.
une colombe blanche,   un oiseau...
une bête féroce,   un animal...
une vie heureuse,   un ouvrier...
ma sœur cadette.   mon frère...
la bergère vigilante,   le berger...
une route pierreuse,   un chemin...
une poire confite,   un raisin...
une eau fraîche,   un œuf...
la chevelure rousse,   le cheveu...
la forêt touffue,   le bois...
une maison saine,   un appartement...
une liqueur douce,   un vin...
la poitrine faible,   l'esprit...
la servante boudeuse,   le garçon...
la figure laide,   le visage...

Copiez cet exercice en ayant soin de remplacer les points par l'adjectif précédent mis au masculin; puis mettez le tout au pluriel.

55ᵉ Exercice.

Accord des adjectifs avec les noms.

La charrue utile. La femme généreu... Cette bel... maison. Ma petit... sœur. Votre grand jardin. Tel père, tel fils, tel... mère, tel... fille. Sa promesse, notre armée, leur vigne, les moutons. La nouvelle certain... La feuille vert... Les maison... blanche.

Corrigez d'abord les fautes de cet exercice; puis analysez les articles, les noms et les adjectifs de cette manière:
La, *article simple, féminin singulier, se rapporte à* charrue, *etc.*

56ᵉ Exercice.

Même sujet.

La veuve et sa fille malheureu... Le loup et l'agneau altéré... Le cheval et l'âne utile... La chasse et la pêche agréable... L'eau et le feu nécessaire... La prune et la cerise mûre... La montagne et la plaine inculte... Le frère et la sœur uni... La rivière et le canal profond... La lance et l'épée nécessaire... au soldat. L'étang et le ruisseau bourbeu... La table et le banc noir... La barbe et les cheveux blond...

Agissez comme au 55ᵉ exercice.

57ᵉ Exercice.

Même sujet.

Ce vaste hôpital a été bâti en 1840. Les pays méridionaux produisent de bons fruits. Ce perdreau est très-gras. Il y a des personnes qui préfèrent le pain noir au pain blanc. Chaque matin, on me sert deux œufs à mon déjeûner. Les fruits de l'oranger sont savoureux. On m'a volé mon petit trésor. Mon frère et ma sœur jumeaux. Ces deux enfants ont des occupations et des goûts différents. La colline et la plaine sont sablonneuses.

Agisssez comme au 55ᵉ exercice.

58ᵉ Exercice.

Même sujet.

L'enfant pieux se corrige volontiers de ses défauts. L'homme bienveillant a pitié de la veuve et de l'orphelin. L'usage des boissons fortes est nuisible à la santé du jeune homme. La poule est attentive et soigneuse pour ses petits poussins. Le paon est un oiseau fier. Le laboureur mène une vie douce et tranquille. Les édifices de cette petite ville sont anciens. Je n'aimerais pas demeurer au troisième étage. Le vingtième chapitre de ce livre est très-intéressant. Le soldat courageux expose sa vie pour la gloire de son pays. Nos troupes ont culbuté l'ennemi et se sont emparées de la place forte.

Agissez comme au 55ᵉ exercice.

59ᵉ Exercice.

Du complément de l'adjectif.

L'homme avide de richesses. Un champ plein de cailloux. Un prince porté à la miséricorde. Les enfants enclins à la paresse. Une femme douée de toutes les vertus. Un maître content de ses élèves. L'écolier digne de récompense. La fille soumise à sa mère. Le chien fidèle à son maître. Le rateau et la bêche utiles au jardinier. Une forêt pleine d'animaux sauvages. Les élèves accoutumés au travail.

Analysez d'abord les articles, les noms et les adjectifs comme au 55ᵉ exercice; puis indiquez les compléments des adjectifs, de cette manière:

Richesses, *complément de* avide, *etc.*

60ᵉ Exercice.

Même sujet.

La mort est commune à tous les âges. Le travail est utile à tous les hommes. L'oisiveté est nuisible à la vertu. L'homme désintéressé est toujours content de sa position. Cet élève est assidu au travail. Salomon était doué d'une grande sagesse. Cet enfant fut semblable à son père. Cette pauvre famille manque des choses nécessaires à la vie. Que Dieu soit propice à nos vœux! Cet homme est propre à la guerre.

Agissez comme au 59ᵉ *exercice.*

CHAPITRE IV.

Du pronom.

61ᵉ Exercice.

Pronoms personnels.

Je crains les méchants. Nous punissons les enfants malpropres. Vous ne savez pas votre leçon. L'empereur nous protège. Tu ne dois pas fréquenter ceux qui se conduisent mal. Rendez-moi ce que je vous ai prêté. Mon frère part aujourd'hui pour Paris; il sera de retour auprès de nous dans huit jours. Vos sœurs ont reçu une excellente éducation ; est-il vrai qu'elles aient été élevées à St-Denis? Je vous félicite de vos succès. Vous ne viendrez pas me voir, car je vais partir pour la campagne. Elles ont bien travaillé. Cette pomme est gâtée; ne la mangez pas. Le pauvre aveugle que vous voyez souvent à la porte de l'église est bien malheureux; nous lui faisons tous les jours l'aumône. L'avare se tourmente sans raison.

Relevez tous les pronoms personnels et indiquez-en la personne et le nombre. Analysez ensuite les articles, les noms et les adjectifs de cet exercice.

62ᵉ Exercice.

Même sujet.

Je, me, moi, nous... — — aimons les enfants laborieux. Je — suis blessé à la main. — souffrons, soulagez —. J'irai demain à la campagne, venez avec —.

Tu, te, toi, vous... — — ne veux pas me secourir. Aide —, le ciel — aidera. — n'avez pas besoin de moi.

Il, le, elle, la, les, lui, leur, se, soi, en, y...
Je vous ai promis une récompense, je vous — donnerai. Votre frère a bien travaillé, aussi son maître — a récompensé. Votre mère est malade, vous — donnerez tous vos soins, et bientôt — se sentira soulagée. Nous avons rencontré sur la route deux petits orphelins transis de froid; nous — avons recueillis dans notre maison, et nous — avons donné tous les secours dont — avaient besoin. Ce travail est difficile, donnez — tous vos soins. Remuez de temps en temps le blé que vous avez sur vos greniers, car il pourrait — corrompre. Chacun doit prendre garde à —.

Remplacez chaque tiret par un des pronoms mis en tête de chaque alinéa.

63ᵉ Exercice.

Pronoms démonstratifs.

Pronoms possessifs.

Vous avez entendu parler de Paris et de Londres; de ces deux villes, celle-ci est la plus grande et la plus peuplée, celle-là est la plus ancienne. Ce que j'admire en vous, c'est votre modestie. Malheur à celui par qui le scandale arrive ! Votre maison est spacieuse ; la mienne l'est encore davantage. Mon jardin ne renferme que des fleurs ; on ne voit dans le vôtre que des arbres fruitiers. Si vous venez me voir quelquefois, cela me fera bien plaisir. Je donne des leçons à des élèves d'un caractère bien différent ; celui-ci est trop ardent au travail, il faut à chaque instant réprimander celui-là à cause de sa mollesse et de sa négligence. J'aime ceci, mais je n'aime point cela. Honte à ceux que l'amour de l'argent pousse au vol !

Relevez les pronoms démonstratifs et les pronoms possessifs, et indiquez-en le genre et le nombre. Analysez ensuite les noms et adjectifs qui se trouvent dans cet exercice.

64ᵉ EXERCICE

Pronoms relatifs.

Pronoms indéfinis.

Mon fils, ne détournez pas les yeux du pauvre qui a faim, et donnez-lui le pain dont il a besoin. Consolez l'affligé et soulagez celui qui souffre. Vous ne savez pas ce que la Providence vous réserve ; c'est pourquoi vous devez toujours faire aux autres, selon vos moyens, le bien que vous voudriez qu'on vous fît.

Dans cette assemblée, chacun a le droit de dire son avis. Quiconque s'éloigne de la sagesse s'éloigne du bonheur auquel l'homme doit aspirer. Plusieurs partagent mon opinion. Tous les élèves de cette classe sont studieux ; jamais aucun d'eux n'est puni. Les travaux auxquels je me livre depuis dix ans ont altéré ma santé. Les uns rient, les autres chantent. Celui qui observe les commandements de Dieu et de l'Église sera sauvé.

Relevez les pronoms relatifs et les pronoms indéfinis, puis agissez comme au précédent exercice.

65ᵉ Exercice.

Règle des pronoms: récapitulation sur les pronoms.

Quiconque se charge des affaires d'autrui est souvent obligé de négliger les siennes. Quand vous m'aurez dit votre sentiment, je vous dirai le mien. Entre tous ces tableaux, celui-là est le plus beau. Cette voiture est fort belle; elle a été faite par un habile ouvrier. Ces champs sont bien cultivés, ils devront produire une abondante moisson. C'est moi qui vous ai confié ce secret. C'est votre frère qui est cause de mon départ. Ce sont vos parents qui ont donné l'hospitalité au malheureux voyageur mourant de faim et de fatigue. Il existe en Afrique plusieurs peuples dont nous ne connaissons encore ni le nom ni les mœurs.

Relevez tous les pronoms et agissez comme au précédent exercice; faites connaître, en outre, les antécédents des pronoms relatifs.

66ᵉ Exercice.

Récapitulation sur le nom, l'article, l'adjectif et le pronom.

Le Nid.

Un enfant cruel avait coutume de chercher des nids dans toutes les haies, et crevait avec une joie barbare les yeux des petits oiseaux. Sa mère lui disait souvent: « Rappelle-toi ce que je te répète : si tu ne te corriges, Dieu ne manquera pas de te punir. » Ainsi parlait la bonne mère; mais le méchant garçon riait de ses avertisssements, et, de jour en jour, il se comportait plus mal. Un dimanche, au lieu d'aller à l'église, il se rendit dans la forêt, afin d'y exercer de nouvelles cruautés. Il y remarqua un grand nid qui se trouvait au sommet d'un chêne très-élevé. Aussitôt il grimpa sur l'arbre, arracha du nid l'un des oiseaux, et le jeta violemment à terre. Il allait saisir l'autre, quand arrivèrent tout à coup le père et la mère, qui étaient des oiseaux de proie terribles, et qui lui crevèrent les yeux à coups de bec.

L'enfant qui n'obéit point à ses parents s'expose à de grands maux.

Analysez les noms, les articles, les adjectifs et les pronoms qui se trouvent dans cet exercice.

67ᵉ Exercice.

Même sujet.

Le petit Chien.

Une demoiselle, nommée Caroline, alla se promener un jour sur le bord d'un ruisseau. Elle y rencontra quelques méchants enfants qui se disposaient à noyer un petit chien ; elle eut pitié de la pauvre bête, l'acheta et l'emporta avec elle au château. Le petit chien eut bientôt fait connaissance avec sa nouvelle maîtresse, et ne la quitta plus un instant. Un soir, au moment où elle allait se coucher, le chien se mit tout à coup à aboyer. Caroline prit la chandelle, regarda sous le lit, et aperçut un homme d'un aspect terrible qui y était caché. C'était un voleur.

Agissez comme au précédent exercice.

68ᵉ Exercice.

Même sujet.

Suite du petit Chien.

Caroline appela au secours, et tous les habitants du château accoururent à ses cris. Ils saisirent le brigand et le livrèrent à la justice. Il avoua dans son interrogatoire que son intention avait été d'assassiner la demoiselle et de piller le château. Caroline rendit grâces au ciel de l'avoir sauvée si heureusement, et dit : « Personne ne se serait imaginé que le pauvre animal auquel j'ai sauvé la vie me la sauverait à son tour. »

Soyez humains et doux envers les animaux.

Agissez comme au précédent exercice.

CHAPITRE V.
Du Verbe.

69ᵉ EXERCICE.

Verbe AVOIR.

Nous avons. Elle avait. Il aura. Tu as. J'aurai. Il avait eu. Vous avez. Ils avaient. Elles auront eu. Il a eu. Nous eûmes eu. Vous aviez. J'ai. Tu aurais. Nous aurions eu. Ils ont eu. Elle aurait. Elles ont. Il aurait eu. Ils auront. Il a. Vous eûtes eu. Ayons. Qu'il ait eu. Que vous ayez. Que nous eussions eu. Qu'il eût. Qu'elles aient eu. Ils auraient eu. Tu avais.

Relevez tous les verbes, et indiquez-en le temps, le mode, la personne et le nombre.

70ᵉ EXERCICE.

Verbe ÊTRE.

J'étais. Je serai. Tu avais été. Il sera. Elles ont été. Nous serions. Que tu sois. Qu'elles eussent été. Que nous ayons été. Vous êtes. Ils étaient. Vous fûtes. Il serait. Vous avez été. Vous seriez. Nous fûmes. Il a été. Que tu fusses. Sois. Que vous fussiez. Nous serons. Avoir été. Étant. Soyez. Être. Qu'ils aient été. Ayant été.

Agissez comme à l'exercice précédent.

71ᵉ EXERCICE.

Verbes AVOIR *et* ÊTRE.

Je suis.	Qu'il fût.
Il fut.	Tu aurais eu.
Elle avait.	Que j'aie été.
Que j'eusse.	Qu'ils aient eu.
Il a.	Que vous eussiez été.
Tu étais.	Tu as.

J'eus.
Ils furent.
Vous aurez.
Tu as été.
J'avais eu.
Ils auraient été.
Vous eûtes eu.
Nous aurons été.
Il aurait.
Soyons.
Que nous ayons.
Que tu aies.
Que je fusse.
Qu'ils eussent.
Vous auriez.

J'étais.
Ils avaient.
Vous fûtes.
Nous aurons.
J'ai été.
Ils auront eu.
Vous aviez été.
Nous eûmes eu.
Il aura été.
Tu aurais.
Ils seraient.
Que nous ayons eu.
Qu'il eût été.
Ayant.
Vous êtes.

Mettez au pluriel les verbes qui sont au singulier et au singulier ceux qui sont au pluriel, en conservant la personne.

72ᵉ EXERCICE.

1ʳᵉ Conjugaison. — Verbe AIMER.

Vous aimez.
Ils aimaient.
J'aimerai.
Aimé.
J'avais aimé.
Tu eus aimé.
Il aura aimé.
Nous aimerions.
Que tu aimes.
Qu'il aimât.
Nous aurions aimé.
Que vous ayez aimé.
Qu'ils eussent aimé.
J'aime.
Tu aimais.
Il aima.
Nous aimerons.
Il a aimé.
Nous avions aimé.

Vous eûtes aimé.
Ils auront aimé.
Aime.
Que vous aimiez.
Qu'ils aimassent.
Que j'aie aimé.
Que tu eusses aimé.
Aimant.
J'aimais.
Tu aimas.
Il aimera.
Tu as aimé.
Il avait aimé.
Nous eûmes aimé.
Vous aurez aimé.
Ils aimeraient.
Que nous aimions.
Que vous aimassiez.
Ils auraient aimé.

Agissez comme au précédent exercice.

73ᵉ Exercice.

Verbes de la 1ʳᵉ conjugaison.

Nous frappons.
Vous reculiez.
Ils précipitèrent.
J'ai tiré.
Tu avais levé.
Il eut sauté.
Que nous gardassions.
Que vous ayez sauté.
Qu'ils eussent traité.
Je livre.
Tu volais.
Il acheta.
Nous exposerons.
Vous avez enlevé.
Ils avaient trompé.
J'eus examiné.
Tu aurais regardé.
Il attraperait.
Nous aurions mérité.

Nous arracherons.
Vous aurez crié.
Ils désireraient.
J'aurais dansé.
Laisse.
Qu'il imite.
Voyagez.
Qu'ils racontent.
Que je portasse.
Que tu aies demandé.
Qu'il eût écrasé.
Tu ajoutes.
Il augmente.
Nous coupâmes.
Vous chargerez.
Ils ont ôté.
J'avais jeté.
Tu eus soulevé.
Il aura achevé.

Agissez comme au précédent exercice.

74ᵉ Exercice.

1ʳᵉ Conjugaison.

Indiquez les temps primitifs des verbes suivants :

Marcher.	Demander.	Rouler.	Tirer.
Chanter.	Prier.	Chercher.	Décider.
Jouer.	Crier.	Trouver.	Ferrer.
Travailler.	Pleurer.	Fermer.	Allumer.
Piocher.	Marquer.	Inventer.	Labourer.

Conjuguez ensuite à l'imparfait de l'indicatif jouer, prier, marquer;

Au présent du conditionnel, chanter, pleurer, allumer;

Au passé indéfini de l'indicatif marcher, travailler, rouler;

Au présent du subjonctif piocher, tirer, trouver.

75ᵉ Exercice.

1ʳᵉ Conjugaison, remarques.

Indiquez les temps primitifs des verbes suivants :

Sucer.	Loger.	Lancer.	Balancer.
Nager.	Menacer.	Tracer.	Bercer.
Manger.	Protéger.	Partager.	Corriger.
Tancer.	Soulager.	Ménager.	Placer.
Prononcer.	Renoncer.	Saccager.	Espacer.

Conjuguez ces mêmes verbes au présent, à l'imparfait et au passé défini de l'indicatif, puis à l'impératif et à l'imparfait du subjonctif.

76ᵉ Exercice.

1ʳᵉ Conjugaison, remarques.

Indiquez les temps primitifs des verbes suivants :

Lever.	Employer.	Harceler.	Peler.
Espérer.	Noyer.	Nettoyer.	Acheter.
Appeler.	Rayer.	Mener.	Broyer.
Jeter.	Geler.	Peser.	Cacheter.
Renouveler.	Essuyer.	Amonceler.	Niveler.

Conjuguez ces mêmes verbes au présent, à l'imparfait et au futur de l'indicatif, puis à l'impératif et au présent du subjonctif.

77ᵉ Exercice.

Verbes de la 1ʳᵉ Conjugaison, récapitulation.

J'achève mon devoir. Tu corrigeras ton élève. Le jardinier taillera cet arbre. L'ouvrier a ôté son habit. Il écraserait l'insecte. Le chasseur tuera le lièvre et la perdrix. L'enfant avait dérobé un fruit. L'oiseau chante dans la forêt. Le chameau porte un lourd fardeau. Ce beau cheval traîne une voiture pesante. Le chien aboie. Le chat miaule. Tu imites ton compagnon. Je console celui qui pleure. Je voyageai beaucoup autrefois. Je guetterai le voleur. Il *faut* que je tance mon fils. Le singe grimpa sur l'arbre. Je ne toucherai point à ce mets.

Mettez ces petites phrases au pluriel; vous commencerez ainsi :

Nous achèverons nos devoirs.

78ᵉ Exercice.

Même sujet.

Ces petits garçons ont maltraité ces animaux. Les loups dévorent les agneaux. Les juges ont condamné les coupables. Les vieillards racontent de jolies histoires. Vous accorderez des récompenses aux enfants studieux. Nous passerons les mers pour aller en Amérique. Travaillez et vous trouverez le bonheur que vous cherchez en vain dans l'oisiveté. Ces campagnes sont belles; nous avons contemplé les merveilles qu'elles renferment. Nous avons payé nos dettes. Vous épuiserez vos forces, si vous travaillez trop longtemps. Les soldats harcelèrent les ennemis. Vous avez jeté des pierres et vous avez blessé de petits enfants qui jouaient dans la cour. Ils jetèrent les filets et prirent de beaux poissons.

Mettez ces petites phrases au singulier.

79ᵉ Exercice.

Même sujet.

Présent de l'indicatif. — Je SOULEVER avec peine ce lourd fardeau. Tu MENACER l'enfant paresseux. Il APPELER son frère. Nous CACHETER ces lettres. Vous BROYER les couleurs. Ils JETER les filets.

Imparfait de l'indicatif. — Je PLEURER et tu CHANTER. Il TANCER son fils. Nous MANGER des pommes vertes. Vous NETTOYER les harnais des chevaux. Ils LANCER des pierres.

Passé défini. — Je SOULAGER le vieillard malade. Tu BERCER le petit enfant. Il CORRIGER le devoir. Nous TRACER des lignes. Ils APPELER les médecins.

Mettez au temps indiqué en tête de chaque alinéa les verbes écrits en gros caractères, puis tournez par le pluriel les phrases qui sont au singulier, et par le singulier celles qui sont au pluriel.

80ᵉ Exercice.

Même sujet.

Passé indéfini. — Je EMPLOYER plusieurs jours à ce travail. Tu SOULAGER ma douleur. Il PRONONCER un discours. Nous ESSUYER nos mains. Vous PLEURER. Ils ACHETER des vêtements.

Futur de l'indicatif. — Je NETTOYER mon appartement. Tu AMENER ton frère. Il JETER son arme. Nous APPELER les soldats. Vous RAYER les cahiers des élèves. Ils CACHETER les paquets.

Impératif — Ne RENOUVELER pas la douleur. CORRIGER nos enfants. ESSUYER vos larmes.

Présent du subjonctif — Il faut que je ENSEMENCER mon champ. Je doute que vous CORRIGER cet enfant. Je ne crois pas qu'il GELER demain. Il faut que nous PRIER avec ferveur.

Agissez comme à l'exercice précédent.

81ᵉ EXERCICE.

Verbes auxiliaires et 1ʳᵉ conjugaison. Récapitulation générale.

Cet enfant est studieux. Nous avons été malades. Vous serez toujours poli. Nous aimons les enfants qui travaillent bien. Tu aimerais mieux jouer que travailler. Cherchez et vous trouverez. On récompensera les enfants qui auront travaillé avec zèle. Soyez miséricordieux. Elle était sobre. Mon père et ma mère sont contents. J'aimais autrefois les livres. Il aurait aimé l'étude, s'il avait fréquenté les écoles. Nous donnerons aux pauvres les vêtements et la nourriture qu'ils nous demandent. Ces enfants pleurent et crient souvent. On le récompensera, s'il est sage. J'étais impatient de vous témoigner ma reconnaissance. Je désire que vous ameniez votre frère avec vous. Tu fus pauvre. Il aurait été savant. Vous aimez la campagne.

Relevez les verbes, et indiquez-en le temps, le mode, la personne et le nombre. Analysez ensuite les noms, les articles, les adjectifs et les pronoms de cet exercice.

82ᵉ EXERCICE.

Même sujet.

Elle aima mieux braver la mort que de renoncer à sa religion. Je crierai, si vous me frappez. Les oiseaux chantent au lever du soleil. On déteste les personnes qui manquent de franchise. Elles avaient quitté la ville, quand l'incendie éclata. Piochez, labourez votre champ avant d'y confier la semence. Employez votre temps à des choses utiles. On vous jettera la pierre, si vous ne donnez pas aux pauvres une partie de votre superflu. Le berger mène le bétail à la prairie. Ce poids est trop lourd, il m'est impossible de le soulever. Après avoir quitté la ville, nous entrâmes dans une forêt très-épaisse. Ils espéraient que vous les accompagneriez dans leur voyage. Soulageons les autres, si nous désirons qu'on nous soulage un jour. Si vous employiez plus de temps à étudier votre leçon, vous la réciteriez mieux.

Agissez comme à l'exercice précédent.

83ᵉ EXERCICE.
2ᵉ *Conjugaison*, verbe FINIR.

Nous finissons.
Je finirai.
Il finit.
Tu finissais.
Je finis.
Ils finirent.
Vous finirez.
Nous finirions.
Il a fini.
Tu avais fini.
Dès que j'eus fini.
Dès qu'ils eurent fini.
Vous aurez fini.
Nous aurions fini.
Finissez.
Il faut que vous finissiez.
Il faudrait que nous finissions.
*Je doute qu'*il ait fini.
Vous finiriez.

Nous avons fini.
Il avait fini.
Dès que tu eus fini.
J'aurai fini.
Ils auront fini.
Vous auriez fini.
Il faut que je finisse.
*Il faut qu'*ils finissent.
Il faudrait que vous finissiez.
Je doute que nous ayons fini.
*Il faudrait qu'*il eût fini.
Il faudrait que tu eusses fini.
Il finissait.
Tu finis.
Ils finiront.
Il aura fini.
Finissons.

Mettez au pluriel les temps qui sont au singulier, et au singulier ceux qui sont au pluriel, en conservant la personne.

84ᵉ EXERCICE.
Même sujet.

Tu péris.
Il saisissait.
Nous punîmes.

Nous eûmes gémi.
Vous aurez choisi.
Ils fourniraient.

Vous guérirez.
Ils ont adouci.
J'avais choisi.
Tu eus fourni.
Il aura accompli.
Nous remplirions.
Vous auriez agi.
Qu'ils bénissent.
Que je guérisse.
Que tu aies démoli.
Qu'il eût trahi.
Nous périssons.
Vous saisissiez.
Ils punirent.
Je guérirai.
Tu as averti.
Il avait adouci.

J'aurais accompli.
Remplis.
Qu'il agisse.
Que nous bénissions.
Que vous ayez guéri.
Qu'ils eussent démoli.
Je trahis.
Tu périssais.
Il saisit.
Nous punirons.
Vous avez guéri.
Ils avaient averti.
J'eus adouci.
Tu auras gémi.
Il choisirait.
Nous aurions fourni.
Accomplissez.

Agissez comme au précédent exercice.

85ᵉ Exercice.

2ᵉ Conjugaison en IR.

Indiquez les temps primitifs des verbes suivants :

Nourrir. Haïr. Remplir. Accomplir.
Guérir. Trahir. Bénir. Rafraîchir.
Avertir. Punir. Unir. Choisir.

Conjuguez ensuite au PRÉSENT DE L'INDICATIF : choisir, remplir, punir, bénir, haïr.

Au PASSÉ INDÉFINI : démolir, trahir, guérir ;

A L'IMPARFAIT DE L'INDICATIF : nourrir, assainir, saisir, rafraîchir ;

Au PLUS-QUE-PARFAIT DE L'INDICATIF : accomplir, trahir, avertir, bénir.

86ᵉ Exercice.

Même sujet.

Conjuguez au PASSÉ DÉFINI : fournir, garnir, pâlir, remplir ;

Au FUTUR : bénir, haïr, avertir, punir ;

Au CONDITIONNEL PRÉSENT : trahir, guérir, nourrir ;

A L'IMPÉRATIF : haïr, remplir, fournir, assainir.

87ᵉ Exercice.

Verbes de la 2ᵉ conjugaison, récapitulation.

Le tonnelier remplira le tonneau. J'ai puni cet enfant qui n'avait pas obéi à son maître. Tu chérissais tes parents. J'affranchirai ma lettre. Punis l'élève paresseux. Le maçon bâtit la maison. Il gravit la montagne. L'ennemi a franchi le fossé qui entoure la ville. Le médecin guérira le malade. Je bénissais mon bienfaiteur. Tu choisiras un ami prudent et sage. Tu rougis de ta faute. La pluie a grossi le ruisseau qui coule dans cette prairie. Le peintre noircira le tableau. Tu ne fléchiras point le maître irrité.

Mettez ces petites phrases au pluriel.

88ᵉ Exercice.

Même sujet.

Des maçons habiles bâtirent ces châteaux. Les enfants ne remplissaient pas leurs devoirs. Vous avez agi sans discernement. Vous étourdissiez vos voisins. Vous nous haïssiez et cependant nous vous aimions. Nous haïssons les enfants qui ne rougissent point de leurs fautes. Mes amis me trahissaient. Vous agiriez mieux, si vous fréquentiez les bonnes compagnies. Nous démolirons ces vieux murs. Les soldats obéissent aux ordres de leurs chefs. Hier vous me punîtes bien sévèrement. Les chèvres bondissaient et les chevaux hennissaient. Les voyages adouciront mes maux. Les eaux remplissent les prairies. Nous nourrissons les pauvres, nous consolons les veuves et les orphelins, nous chérissons ceux qui nous aiment.

Mettez ces petites phrases au singulier.

89ᵉ Exercice.

Même sujet.

2ᵉ *Conjugaison en* IR.

Présent de l'indicatif. Je BÉNIR la main de celui qui donne. Tu REMPLIR trop ce vase. Il HAÏR le menteur.

Imparfait. Tu me TRAHIR. Nous AFFRANCHIR nos lettres. Les maîtres d'autrefois PUNIR sévèrement.

Passé défini. Hier je PUNIR cet enfant. Il ne REMPLIR pas son devoir. Vous ne GUÉRIR point les malades.

Plus-que-parfait. Tu NOURRIR cet oiseau. Nous GARNIR les autels de fleurs. Ils ASSAINIR la plaine.

Futur. Il ne me TRAHIR jamais. Je FOURNIR à l'indigent le vêtement qui lui manque. Vous REMPLIR ces tonneaux.

Présent du conditionnel. Je PUNIR l'élève. Il CHOISIR un bon camarade. Vous PALIR.

Impératif. HAIR le trompeur. REMPLIR vos devoirs.

Mettez au temps indiqué en tête de chaque alinéa les verbes écrits en gros caractères ; puis tournez par le pluriel les phrases qui sont au singulier, et par le singulier celles qui sont au pluriel.

90ᵉ EXERCICE.

Récapitulation de la 1ʳᵉ et de la 2ᵉ conjugaison.

La rouille ronge les métaux. Je visiterai les ruines de cette ancienne ville. Le loup dévora l'agneau. Je hais les menteurs et les voleurs. Punissez l'enfant qui ne vous obéira pas. Le chat a mangé la souris. Nous avons essuyé bien des malheurs. Il est difficile de guérir cette maladie. La Providence nous préservera du fléau. Ce jeune homme nourrit de son travail ses vieux parents. L'eau débordera, si vous remplissez trop ces vases. Les tulipes et les roses embellissent ce jardin. Vous avez fourni à votre maître l'occasion de vous réprimander. Après avoir assaini la plaine, on la cultivera.

Relevez les verbes et indiquez-en le temps, le mode, la personne, le nombre et la conjugaison. Analysez ensuite les noms, les articles, les adjectifs et les pronoms de cet exercice.

91ᵉ EXERCICE.

3ᵉ conjugaison, verbe POURVOIR.

Tu pourvois.
Ils pourvoient.
Nous pourvoyions.
Tu pourvus.
Je pourvoirai.

Tu pourvoirais.
Ils pourvoiraient.
Que je pourvoie.
Que vous pourvoyiez.
Qu'il pourvoie.

Tu as pourvu.
Ils ont pourvu.
Nous avions pourvu.
Tu eus pourvu.
Ils eurent pourvu.
Nous pourvoirons.
Il pourvoit.
Tu pourvoyais.
Je pourvus.
Ils pourvurent.
Vous avez pourvu.
Nous aurons pourvu.
Tu aurais pourvu.
Ils auraient pourvu.
Que nous ayons pourvu.
Que tu eusses pourvu.
Qu'ils eussent pourvu.
Vous aviez pourvu.
Nous eûmes pourvu.
Pourvois.
Il pourvoira.
Vous pourvoirez.

Mettez au pluriel les temps qui sont au singulier, et au singulier ceux qui sont au pluriel.

92ᵉ EXERCICE.

4ᵉ Conjugaison, verbe RENDRE.

Tu rends.
Ils rendent.
Je rendais.
Il rendait.
Tu rendis.
Ils rendirent.
Il rendra.
Vous rendrez.
J'aurai rendu.
Rendez.
Qu'il rendît.
Qu'ils eussent rendu.
Tu rendais.
Nous rendrons.
J'ai rendu.
Vous avez rendu.
Tu avais rendu.
Nous avions rendu.
Tu eus rendu.
Ils eurent rendu.
Nous rendrions.
Il rendrait.
Ils auraient rendu.
Que tu rendes.
Que vous ayez rendu.
Je rends.
Il rendit.
Nous avons rendu.

Agissez comme au précédent exercice.

93ᵉ EXERCICE.

Verbes de la 4ᵉ conjugaison.

Je fends.
Tu entendais.
Il entendit.
Nous entendrons.
Vous avez fendu.
Ils avaient entendu.
Je perdrai.
Tu as perdu.
Il avait défendu.
Nous eûmes vendu.
Vous aurez vendu.
Ils vendraient.

J'eus tendu.
Tu auras tordu.
Il tordrait.
Nous aurions tordu.
Défendez.
Qu'ils répondent.
Que je répandisse.
Que tu aies entendu.
Qu'il eût mordu.
Nous répondons.
Vous mordiez.
Ils répandirent.

J'aurais répandu.
Répands.
Qu'il répande.
Que nous mordissions.
Que vous ayez fendu.
Qu'ils eussent vendu.
Tu vends.
Il répandait.
Nous vendîmes.
Vous entendrez.
Ils ont tordu.
Nous répondrons.

Agissez comme au précédent exercice.

94e EXERCICE.

Même sujet.

Indiquez les temps primitifs des verbes suivants:

Entendre. Tendre. Défendre. Vendre.
Fendre. Tordre. Répandre. Répondre.
Perdre. Mordre.

Conjuguez ensuite au PRÉSENT DE L'INDICATIF : fendre, tordre, mordre;

*A l'*IMPARFAIT DU SUBJONCTIF : entendre, tendre, défendre;

Au PASSÉ INDÉFINI : répandre, vendre, perdre;

*A l'*IMPÉRATIF : répondre, mordre, défendre;

Au FUTUR : vendre, répondre, tendre.

95e EXERCICE.

Même sujet.

J'ai entendu un beau discours. Le bûcheron fendra et vendra ce gros chêne. Tu tendis la main au malheureux. Tu tendras un piège dans la haie. L'enfant laborieux apprendra sa leçon. Tu liras une belle histoire. Nous répandîmes des liqueurs. Vous perdriez votre temps. Ces chiens ont mordu les enfants des laboureurs. Nous défendions de toucher aux fruits de ces jardins. Les filous ont corrompu les témoins. Nous défendrons les innocents. Vous descendiez et nous montions. Les juges confondirent les imposteurs. Vous n'avez pas répondu avec politesse.

Mettez au pluriel les phrases qui sont au singulier, et au singulier celles qui sont au pluriel.

96ᵉ Exercice.

Même sujet.

Imparfait de l'indicatif. Tu RÉPONDRE à ma lettre. Nous RÉPANDRE cette liqueur. Il VENDRE sa maison.

Passé indéfini. Nous DÉFENDRE cette chose. Il ENTENDRE ta voix. Je TORDRE cette barre de fer.

Présent du conditionnel. Je PERDRE mon outil. Le chien te MORDRE. Tu TENDRE la main.

Imparfait du subjonctif. Que je ENTENDRE ce discours. Que mon frère VENDRE son champ. Que les chiens MORDRE les passants.

Présent de l'indicatif. Je PRENDRE un bain. Tu RÉPONDRE à ma sœur. Le manœuvre FENDRE le bois. Nous DÉFENDRE le mal.

Mettez au temps indiqué en tête de chaque alinéa les verbes écrits en gros caractères; puis tournez par le pluriel les phrases qui sont au singulier, et par le singulier celles qui sont au pluriel.

97ᵉ Exercice.

Récapitulation sur les quatre conjugaisons et sur les auxiliaires ÊTRE *et* AVOIR.

Le Loup et l'Agneau.

Un loup *rencontra* un agneau sur le bord d'un petit ruisseau où ils s'étaient rendus tous deux pour se désaltérer. *Il eût été* bien facile au loup de dévorer sur-le-champ le faible animal, mais *il aurait passé* pour violent et injuste, et il voulait qu'on *eût* de lui une opinion contraire; pour en venir à cette extrémité, il fallait en *avoir* les motifs, voici comment il les *trouva*. Il adresse à l'agneau la parole en ces termes: Pourquoi *troubles-tu* l'eau que je bois? — Sire, *répondit* l'agneau, ne vous mettez point en colère, mais *considérez* plutôt que je ne puis *troubler* votre boisson, puisque l'eau coule de vous à moi, et que je *suis* à plus de vingt pas de vous. Tu la *troubles*, reprit le loup, et d'ailleurs on m'a dit que tu médis de moi l'an passé. — Mais je n'ai pu le faire, puisqu'à cette époque je n'*étais* pas au monde ; je *tette* encore ma mère. — Si ce n'est toi, c'est ton frère ou quelqu'un de tes semblables; car je sais fort bien que vous ne m'*épargnez* guère, vous, vos bergers et vos chiens. Il faut que je me *venge*, et sans plus *tarder*, de tous vos outrages. A peine *eut-il prononcé* ces mots qu'il *se jeta* sur l'agneau, le *tua*, et l'*emporta* au milieu des forêts.

La raison du plus fort est souvent la meilleure.

Relevez les verbes écrits en italique, et indiquez-en le temps, le mode, la personne, le nombre et la conjugaison. Analysez ensuite tous les noms de cet exercice.

98ᵉ Exercice.
Formation des temps dérivés.

Adoucir.	Murmurer.	Louer.	Prendre
Jeter.	Prévoir.	Sacrifier.	Couvrir.
Répandre.	Noyer.	Arroser.	Joindre.
Broyer.	Nourrir.	Garnir.	Mettre.

Conjuguez ces verbes aux temps formés du présent de l'infinitif.

99ᵉ Exercice.
Même sujet.

Appeler.	Remuer.	Harceler.	Nager.
Mordre.	Crier.	Rayer.	Sucer.
Prévoir.	Tendre.	Labourer.	Priver.
Projeter.	Prier.	Acheter.	Noyer.

Conjuguez ces verbes aux temps formés du participe présent.

100ᵉ Exercice.
Même sujet.

Niveler.	Fendre.	Amollir.
Tracer.	Cacheter.	Répondre.

Conjuguez ces verbes aux temps formés du participe passé.

101ᵉ Exercice.
Même sujet.

Semer.	Payer.	Mordre.	Remplir.
Tailler.	Grossir.	Morceler.	Prétendre.
Tondre.	Ensemencer.	Partager.	Fondre.
Accomplir.	Penser.	Amincir.	Monter.
Saisir.	Jaunir.	Appuyer.	Ranger.

Conjuguez ces verbes aux temps formés du présent et du passé défini de l'indicatif.

102ᵉ Exercice.
Formation des temps. — Récapitulation.

Combien *sont* heureux ceux qui *habitent* la campagne! Je vous *appellerai*, si j'ai besoin de vous. Nous *avons enseigné* la grammaire aux enfants. Nous *répondrons* à la lettre de notre tante. Ne *jetez* pas aux chiens le pain dont les pauvres *ont* besoin. Je *suis* bien malheureux. *Aimer* ses semblables *est* le premier précepte de la religion. Vous *criez* bien fort, qui est-ce qui vous *a frappé*? Nous *chérissons* les enfants vertueux. Je vous *protégerais*, si votre conduite *était* meilleure. Dis-moi qui tu *fréquentes*, je te dirai qui tu *es*.

Analysez les verbes écrits en italique, en ayant soin d'en dire les temps primitifs; puis conjuguez-les au temps auquel ils se trouvent dans cet exercice.

103ᵉ Exercice.
Du sujet.

Romulus fonda la ville de Rome. L'armée française a battu les ennemis. Je planterai des arbres dans mon jardin. J'aime la chaleur. Nous détestons les méchants. Un enfant sage craint Dieu. Le tourneur fabrique les chaises. Les chiens ont poursuivi le lièvre. Le médecin a guéri le malade. Le bœuf traîne la charrue. Le retour de l'hirondelle annonce le printemps. Dieu a envoyé son fils sur la terre pour racheter les pécheurs. La grêle a détruit nos moissons. Le loup ravirait les agneaux, si le berger ne les gardait. Le bon pasteur aime ses brebis.

Analysez les noms qui sont sujets, et indiquez de quels verbes ils sont sujets. Commencez ainsi:

Romulus, *nom propre, masculin sing., sujet de* fonda.

104ᵉ Exercice.

Du complément.

J'aime le café. Tu affranchiras ma lettre. Le démon, sous la figure du serpent, trompa Ève. Les gendarmes ont arrêté les voleurs. Le chasseur tua la perdrix.

Jésus porta sa croix. Le bon fils nourrira ses vieux parents. L'enfant doit respecter les vieillards. Vous achèterez un bon livre. J'ai augmenté ma fortune. Je plains ton sort. J'ai supporté la faim et la soif. L'élève récitera bien sa leçon. Le maître punira les enfants paresseux.

Analysez les sujets, les verbes et les compléments directs, de cette manière:

Je, *pronom personnel du singulier, sujet de* aime.

Aime, *verbe actif, au présent de l'indicatif, 1ʳᵉ personne du singulier, 1ʳᵉ conjugaison.*

Café, *nom commun, masculin singulier, complément direct de* aime, *etc.*

105ᵉ Exercice.

Même sujet.

Je donnerai des conseils aux élèves. Tu as informé ton ami de ton dessein. Le juge a condamné le coupable à la prison. Attelez les chevaux à la voiture. Salomon préférait la sagesse à la richesse. Samson délivra les Israélites du joug des Philistins. Dieu combla Salomon de gloire et de richesses. Dieu avait menacé Adam et Ève de la mort. Dieu montra à Moïse la terre promise. Les princes des prêtres et les docteurs de la loi livrèrent Jésus. Le péché conduit au malheur éternel. Pilate envoya Jésus à Hérode. Les bons fils obéissent à leurs parents.

Agissez comme à l'exercice précédent; analysez, de plus, les compléments indirects.

106ᵉ Exercice.

Des pronoms compléments.

Le maître me donnera demain une belle récompense. Je vous montrerai toutes les curiosités que renferme la ville de Lyon. Le courrier m'a apporté une lettre de mon frère, je vous la lirai demain. Le maître aime l'enfant qui travaille bien ; il lui donne sa confiance et le propose pour modèle à ses camarades. Ève cueillit du fruit défendu et le présenta à Adam.

Analysez les noms, les articles, les adjectifs, les pronoms et les verbes, en ayant soin d'indiquer les sujets et les compléments directs ou indirects.

107ᵉ Exercice.
Même sujet.

Si vous étudiiez vos leçons avec soin, vous les réciteriez beaucoup mieux. Nous vous blâmons de ne pas nous avoir avertis du danger. Quand vous aurez des nouvelles de la guerre, vous me les communiquerez. Vous avez le journal, donnez-le moi. Voilà un bon livre, lisez-le. Vous me soupçonnez mal-à-propos. Vous me donnez un sage conseil. Dites-moi la vérité. Rendez-moi compte de ce que vous avez vu.

Agissez comme au précédent exercice.

108ᵉ Exercice
Récapitulation sur les sujets et les compléments.

La Cigale et la Fourmi.

La *cigale* avait passé tout *l'été* à chanter, ne prévoyant pas le *malheur* qui *la* menaçait. En effet *l'hiver* arriva bientôt, et *elle* manqua de *nourriture*. Elle n'avait pas même un petit *morceau* de mouche ou de vermisseau ; elle alla trouver la *fourmi* dont la demeure était voisine de la sienne : « Ma chère amie, *lui* dit-elle, la *faim* *me* tourmente cruellement. Prêtez-*moi*, je *vous* prie, quelques *grains* pour subsister ; *je vous les* rendrai à la saison nouvelle. La *fourmi* garde ses *provisions* pour elle seule, et ne prête à *personne*. « Que faisiez-vous pendant l'été, dit-elle à la *cigale*. — *Je* chantais jour et nuit. — *Vous* chantiez, j'en suis fort aise : eh bien ! dansez maintenant. »

Analysez les noms écrits en italique, en ayant soin de dire s'ils sont sujets ou compléments.

109ᵉ Exercice.
Du participe passé dans les verbes actifs (1).

Les chants que nous *avons entendu* nous *ont causé* un grand plaisir. La rivière que nos soldats *ont traversé* était très-profonde. Nous *avons admiré* les beaux édifices de la ville de Paris. La passion des richesses *a poussé* bien des hommes à commettre des crimes. Les fruits que *j'ai mangé* m'ont fait mal. Nous *avons exhorté* et nous exhorterons toujours les jeunes gens au travail. Ce prince *a commencé* son règne par une bonne action. Les Israélites que Moïse *avait emmené* d'Égypte passèrent quarante ans dans le désert. *J'ai étudié* pendant une heure seulement les trois pages de grammaire que *j'ai récité* ce matin. Vous *avez remarqué* dans mon jardin deux beaux poiriers; c'est mon oncle qui me les *a apporté* du Midi. Rébecca offrit à Eliézer l'eau qu'elle *avait puisé* à la fontaine.

Corrigez d'abord les fautes de cet exercice, puis analysez les verbes écrits en italique; dites si, dans ces verbes, le participe s'écrit avec accord ou sans accord, et pourquoi.

110ᵉ Exercice.
Même sujet.

Si votre conduite a été bonne, c'est grâce aux bons conseils que je vous *ai donné*. C'est votre père qui nous *a comblé* de tous les biens que nous possédons. Le souvenir des bienfaits que nous *avons reçu* doit toujours rester gravé dans notre cœur. Adam et Eve que Dieu *avait placé* dans le paradis terrestre devaient toujours jouir d'un bonheur sans mélange, si le démon ne les *avait porté* à la désobéissance. Les livres que cet écrivain *a publié* sont très-estimés. Les richesses dont Dieu *avait comblé* Salomon finirent par aveugler ce prince. Les terres que nous *avions ensemencé* ont été envahies par les eaux qui nous *ont causé* un dommage irréparable. Nous *avons consacré* le temps des vacances à parcourir les montagnes de la Suisse. Nous ne pourrions

---

(1) Les participes passés seront tous au masculin singulier, c'est à l'élève de les mettre au genre et au nombre convenables.

vous exprimer quelle joie nous *avons éprouvé*, lorsqu'après *avoir gravi* le mont-Blanc nous vîmes se dérouler devant nous de tous côtés une étendue de pays considérable. Les fruits que nous *avons retiré* de ce voyage ont bien *compensé* les frais qu'il nous *a occasionné*.

Agissez comme au précédent exercice.

111ᵉ Exercice.

Verbes passifs.

Conjuguez les verbes suivants:

Au présent de l'indicatif: être chéri, être jugé, être pourvu, être entendu;

A l'imparfait de l'indicatif: être puni, être ennuyé, être mordu;

Au passé défini: être trompé, être trahi;

Au futur: être sauvé, être frappé;

A l'impératif: être appelé, être effrayé.

112ᵉ Exercice.

Du participe passé dans les verbes passifs.

Le monde a été *créé* par Dieu. Plusieurs soldats furent *blessé* dans le combat. La tranquillité de la ville est *troublé* par la crainte de la mort. La terre est *rafraîchi* par les rosées de la nuit. La conduite de ces jeunes élèves n'a point été *approuvé* de leurs parents. Les maux de la guerre furent *augmenté* par la peste. Des vivres sont *amené* à nos troupes sur des vaisseaux. La citadelle fut *emporté* d'assaut. Mille prisonniers furent *embarqué* et *transporté* en France. Les personnes vertueuses sont *estimé* de tout le monde. Les bois et les prairies sont *égayé* par le chant des oiseaux. La paix a été *signé* après sept ans de guerre. Nos peines ont été *adouci* par votre présence.

Corrigez d'abord les fautes de cet exercice: puis analysez chaque verbe passif, en ayant soin de dire avec quel mot s'accorde le participe passé de chacun d'eux.

113ᵉ Exercice.

Verbes passifs.

Le père punit son fils. Le chien effraie le lièvre. La sangsue suce le sang. Le jardinier greffe les arbres. Tu corrigeais les enfants désobéissants. L'âne frappait le lion malade. Un flatteur me trompait. Le tonnerre nous épouvantait.

Le rat de ville traita un jour le rat des champs. Mon ami m'invita à dîner. Un laboureur trouva une couleuvre dans la neige, il la réchauffa. Nous promîmes une récompense aux enfants studieux, nous la leur donnâmes.

Le lion a étranglé les brebis. J'ai averti l'élève. Vous avez chassé de la classe les mauvais écoliers. Tu as soulagé tes vieux parents.

Nous avions traversé la rivière. Le loup avait trompé la chèvre. La mère avait embrassé sa fille.

Je vous inviterai à dîner. Le maçon bâtira la maison. Le libraire vendra beaucoup de livres. Les écoliers écouteront le maître.

Tournez chaque verbe par le passif en ayant soin de mettre le temps correspondant (1).

114ᵉ Exercice.

Verbes passifs.

Le renard mangerait les raisins. La servante préparerait le dîner. L'incendie aurait consumé l'édifice public. Le maître aurait frappé l'enfant.

Il faut que mon père m'aide dans mon travail. Il faut que je dirige ces petits enfants. Il faut que nous soulagions les malheureux.

Il faudrait que l'ouvrier tapissât ces murs. Il faudrait qu'on me donnât du secours. Il faudrait que nos soldats escaladassent les murs de la ville.

Je doute que vous ayez averti mon frère. Je doute que vous ayez fermé la porte de votre chambre.

Il faudrait que vous eussiez dessiné le plan de la maison. Il faudrait que la servante eût balayé la rue.

---

(1) La tournure de l'actif par le passif se fait à l'aide des mots *de* ou *par*.

Le temps adoucit les grands maux. Caïn tua Abel innocent. Le serpent trompa Ève. Alexandre assiégea la ville de Tyr. Les enfants doivent chérir et honorer leurs parents.

Agissez comme au précédent exercice.

115ᵉ Exercice.

Verbes passifs.

Les champs furent ravagé par une grêle horrible. La ville de Jérusalem fut assiégée par Titus, empereur romain. Les commandements de Dieu et ceux de l'Église *doivent* être observé fidèlement par tous les chrétiens. Après la mort de Josué, les Israélites furent gouverné par des juges, puis par des rois. Les vaincus *doivent* être épargné par les vainqueurs. Les poutres sont taillé par le charpentier. Ces chevaux ont été ferré par un bon maréchal. Des pièges m'ont été tendu par mon ennemi. Le vice a toujours été méprisé des gens de bien. Les malheurs de Joseph vous ont été raconté par votre maître. L'Égypte fut préservé de la famine par Joseph.

Corrigez d'abord les fautes de cet exercice, puis tournez le passif par l'actif, de cette manière :

Une grêle horrible ravagea les champs, etc.

116ᵉ Exercice.

Verbes neutres.

Passé indéfini. Nous PARTIR avant le jour pour arriver de bonne heure à Lyon. La nuit était si noire que je TOMBER plusieurs fois en revenant de chez vous. Vous RENTRER à la maison plus tôt que vous ne pensiez.

Plus-que-parfait. Il y avait une heure que vous PARTIR, quand je vins vous voir. Les assiégés SORTIR de la ville, quand nos troupes y entrèrent.

Conditionnel passé. Je MOURIR, si j'avais assisté à cette terrible bataille. Tu ARRIVER plus tôt, si l'on t'avait prévenu.

Imparfait de l'indicatif. J'APPLAUDIR à cette belle action. Tu DESCENDRE et je MONTER. Nous VIVRE avec économie.

Passé du subjonctif. Je doute que vous DORMIR suffisamment. Je doute que vous ARRIVER d'hier. Je ne crois pas que mon oncle PARTIR seul.

Mettez au temps indiqué au commencement de chaque alinéa les verbes écrits en gros caractères.

117ᵉ Exercice.
Du participe passé dans les verbes neutres.

Nous *avons langui* faute de travail. Ma sœur ne *serait* point *arrivé* avant moi, si elle n'*avait couru*. Cette mère, dont la fille *est mort* il y a huit jours, n'a point *survécu* longtemps à sa douleur. Mes sœurs *ont répondu* trop tard à ma lettre; elles *sont arrivé* chez moi après mon départ. Cette personne *a disparu* subitement; on n'a pu la retrouver malgré les recherches actives qu'on *a fait*. Ma fièvre *est passé* depuis quelque temps; je crois qu'elle ne reviendra pas. La rivière *a grossi* rapidement; si les pluies continuaient, elle déborderait assurément. Les plus grands malheurs me *sont arrivé*. Nous *avons obéi* à notre conscience. Nous *sommes devenu* pauvres, parce que le malheur nous *a accablé*.

Corrigez d'abord les fautes; puis analysez les verbes écrits en italique, et rendez compte de chaque participe passé.

118ᵉ Exercice.
Compléments des verbes neutres.

Cette personne est *tombé* morte après être *entré* à l'église. Les captifs ont *péri* de faim et de misère. Ces soldats ont *succombé* à leurs blessures. Les larmes ont *succédé* à la joie. Ces généraux sont *né* pauvres et sont *mort* riches. Vous avez *médit* de vos supérieurs. La lettre que vous m'avez adressée ne m'est point *parvenu*. Nous étions *revenu* des champs, quand on nous apprit la fatale nouvelle. Cinq heures m'ont *suffi* pour ce travail. Cette mode nous a *plu* et nous l'avons adoptée. Nous avons *voyagé* pendant trois mois et nous sommes *rentré* bien fatigués. La résolution dont je vous ai fait part vous a *souri*.

Agissez d'abord comme à l'exercice précédent, puis analysez les compléments des verbes neutres.

119ᵉ Exercice.

Récapitulation sur les verbes actifs, les verbes passifs et les verbes neutres.

Le Geai paré des plumes du Paon.

Un paon qui *muait avait perdu* quelques-unes de ses plumes ; un geai les *ramassa* et s'en revêtit. Il crut alors *surpasser* en beauté les paons mêmes, et vint, tout bouffi d'orgueil, se mêler au milieu d'eux ; mais sa vanité *fut* bientôt *puni*. Les paons, qui reconnurent l'artifice, lui *arrachèrent* ses fausses plumes, et le *chassèrent* de leur compagnie à grands coups de bec. Le geai, battu et déplumé, ne fut pas même plaint des autres geais qu'il *avait méprisé*.

Cette fable s'adresse à ceux qui, par leur sot orgueil, *attirent* sur eux le mépris de leurs semblables.

Corrigez d'abord les fautes, s'il y a lieu ; puis analysez les verbes écrits en italique, ainsi que les sujets et les compléments de ces verbes.

120ᵉ Exercice.

Verbes réfléchis.

Conjuguez les verbes suivants :

A *l'imparfait de l'indicatif :* s'évader, se perdre, s'emparer ;

Au *passé indéfini :* se louer, se rendre, se divertir ;

Au *plus-que-parfait de l'indicatif :* s'occuper, se promener, se nourrir ;

A *l'impératif :* se retirer, s'attendre, se trouver ;

Au *passé du subjonctif :* se retirer, s'occuper, s'étendre.

121ᵉ Exercice.

Verbes réfléchis.

Bien des années s'écouleront peut-être avant la fin de la guerre. On peut donner le nom de sots à ceux qui se vantent de leur savoir. Les crimes se multiplient. Les mœurs se corrompent. L'homme se dégrade. Les maux se répandent sur la terre. Les jeunes gens se pervertissent en fréquentant les mauvaises compagnies. L'avare se nuit à lui-même. Les troupes s'emparèrent de la ville après un siége de deux mois. Le chien s'est évadé de sa loge. Appliquez-vous à l'étude. Il faut se défier de ses forces. Le maître a besoin de se pourvoir de patience. Je ne veux point me moquer de mes semblables.

Analysez les verbes réfléchis en ayant soin d'en dire l'espèce; analysez ensuite le sujet de chacun de ces verbes, ainsi que son complément direct, s'il en a un.

122ᵉ Exercice.

Du participe passé dans les verbes réfléchis.

Je me suis *nettoyé* les dents ce matin, je me les étais déjà *nettoyé* hier. Combien nous nous sommes *amusé* à la promenade! Les eaux se sont *répandu* dans la prairie. Je me suis *procuré* des remèdes qui ont rétabli ma santé. Votre caractère s'est *amélioré*, vos habitudes se sont *modifié*, votre conduite est *devenu* meilleure, vous avez enfin songé au travail. Nous nous sommes *écarté* de notre route pour aller visiter les ruines de ce château. Les voleurs ont *arrêté* la voiture publique, se sont *jeté* sur les voyageurs et les ont *dévalisé*.

Corrigez d'abord les fautes, puis agissez comme à l'exercice précédent.

123ᵉ Exercice.

Même sujet.

Nos soldats se sont *reposé* de leurs fatigues. Ces deux hommes se sont donné la main en signe de réconciliation; ils se sont parlé longtemps, et se sont *quitté* en se jurant une amitié éternelle. Ces enfants se sont *blessé* en jouant; ils sont *revenu* à la maison en pleurant, et ont *prié* leur mère de panser leurs plaies. Les brouillards qui s'étaient *répandu* dans la plaine pendant la nuit se sont *dissipé* au lever du soleil. La terre s'est *desséché*, les fleurs se sont *fané*, les fruits ne sont point *parvenu* à leur maturité, l'herbe des prés a *jauni*, les bestiaux ont *dépéri*, la famine et la peste ont *désolé* nos contrées. D'où viennent tous ces fléaux? C'est la dépravation des hommes qui les ont *causé*. Les troupes ennemies se sont *rencontré*, et se sont *livré* bataille.

Agisssez comme au précédent exercice.

124ᵉ EXERCICE.

Des verbes impersonnels.

Conjuguez impersonnellement :

| Tonner. | Geler. | Venter. | Neiger. |
| Importer. | Grêler. | Arriver. | Résulter. |

125ᵉ EXERCICE.

Même sujet.

Il a *tonné* pendant toute la nuit. Il résulte des raisons que vous m'avez *donné* que le plus grand tort ne vient pas de vous. Il importe à votre honneur de remplir vos devoirs avec exactitude. Il a *neigé* beaucoup pendant le mois de décembre. Je crois qu'il neigera moins pendant le mois de janvier. Il me semble qu'il a *neigé* cette nuit. Quand il gèle au mois de mai, on peut dire que les fruits sont *perdu*. Il a *grêlé* bien des fois dans le cours de cet été ; aussi notre récolte sera-t-elle chétive et bien des malheureux manqueront peut-être de pain, quand les froids seront *venu*. Il arrive trop souvent que le plus ignorant réussit dans le monde à force d'audace et de fourberie. La chaleur a été accablante aujourd'hui, je crois qu'il tonnera ce soir.

Analysez les verbes impersonnels, puis rendez compte des participes contenus dans cet exercice.

126ᵉ EXERCICE.

Verbes conjugués interrogativement.

Vous avez *planté* les rosiers que je vous ai *apporté*. Il travaille avec beaucoup d'ardeur. Tu sais ta leçon. Il écoute le maître. Nous travaillerons toute la semaine. Vous viendrez me voir. Ils ont *fait* une longue route.

J'aurai la force de marcher longtemps. Tu as été malade. Il a *ensemencé* ses champs. Nous aurons un beau temps pour nous promener. Vous voyagerez dans le midi. Ils châtiront les mauvais élèves. Je dors. Je pars. Je mange. Je cours. Je saute. Nous sortirons aujourd'hui. Tu as *causé* avec tes camarades. Il a *jeté* une pierre au mendiant. Nous avons *babillé*. Vous avez fini votre devoir. Ils ont *essuyé* l'horrible tempête dont tous les journaux ont *parlé*.

Rendez compte d'abord des participes, puis mettez toutes ces petites phrases sous la forme interrogative.

127ᵉ EXERCICE.

Même sujet.

Secourez-vous, selon vos moyens, les personnes qui sont dans le besoin? Avez-vous *terminé*, mes enfants, les dessins dont je vous ai *chargé*? A-t-il *bu* avec excès? Avez-vous *chanté*? Avions-nous tort de vous faire des reproches? Ont-ils *eu* du plaisir à vous revoir? Parle-t-il avec clarté? Mangez-vous avec appétit? Dormait-il d'un profond sommeil? Est-ce que j'ajoute foi à tous vos contes? La pluie a-t-elle *cessé*? Le vent souffle-t-il toujours? Les espérances que j'avais *conçu* de cet enfant se sont-elles *réalisé*? La joie que vous m'avez *témoigné* en me revoyant était-elle sincère?

Rendez compte d'abord des participes, puis mettez les phrases interrogatives sous la forme affirmative.

128ᵉ EXERCICE.

Accord du verbe avec son sujet.

Adam et Ève ont *péché*. Vous et moi nous mourrons. Jacob et Esaü étaient fils d'Isaac et de Rébecca. Le front, les yeux, le visage mentent souvent. Ton frère m'aime, toi, tu me hais. Vous et votre ami vous avez *manqué* à vos devoirs. La mouche et la fourmi ont des goûts bien différents. Je vous ai *appelé*, vous ne m'avez pas *écouté*. Ma mère et moi nous avons *résolu* de faire un voyage en Suisse. Vous et moi nous subirons la peine que nous avons *mérité* par notre désobéissance. L'amour du plaisir et le dégoût du travail conduisent les hommes à leur perte.

Analysez chaque sujet et chaque verbe à un mode personnel; rendez compte ensuite des participes passés que contient cet exercice.

129ᵉ EXERCICE.
Verbes réguliers.

L'orage d'hier nous *assaillit*. Nous *fûmes assailli* par une violente tempête. L'armée *assaillira* les ennemis dans leurs retranchements. Tous les maux l'*assaillent* à la fois.

Le vin *bout* dans la cuve. Il faut que cette liqueur *bouille* longtemps. Cette eau a *bouilli* pendant deux heures.

Les enfants *dorment* d'un sommeil tranquille. Je *dormis* hier jusqu'à deux heures du soir. Je *dormirais* bien, si j'avais un meilleur lit.

Quand le général vit que les ennemis *fuyaient*, il se mit à leur poursuite. Le temps *fuit* rapidement. *Fuyez* les mauvaises compagnies. Je *fuirai* l'occasion du péché. Est-il vrai que tu fuies le travail?

Vous *mentez* souvent, c'est un vilain défaut. Autrefois vous *mentiez*, vous avez bien fait de vous corriger de cette habitude. Tu ne *mentiras* plus. Faut-il qu'il *mente* quelquefois?

Les dons que vous m'*avez offert* m'ont fait le plus grand plaisir. Nous *offrons* nos services à nos amis. Je vous *offrirai* ma maison pour vous abriter.

Conjuguez en entier le temps auquel est employé chacun des verbes écrits en italique, et corrigez les participes de cet exercice, s'il y a lieu.

130ᵉ EXERCICE.
Verbes réguliers.

Un ami *ouvre* son cœur à son ami. *Ouvrez* ces fenêtres, il fait trop chaud dans cet appartement. Vous n'avez pas *ouvert* votre livre. Faut-il *que j'ouvre* la porte à tout le monde?

Nous *partirons* dans trois jours. Ils *partent* pour ne plus revenir peut-être. Il *partait* pour Paris, quand je le rencontrai. *Il serait parti* plus tôt, si je ne l'avais retenu.

Consentez-vous à la proposition que je vous ai *fait*? Je ne vous cacherai point la douleur que *j'ai ressenti* à votre départ. Après mon repas, je *sentais* autrefois une grande douleur de tête ; ma santé est aujourd'hui très-bonne.

Personne ne *sert* bien deux maîtres à la fois. Vous me *servirez* de soutien. Voulez-vous que votre frère me *serve* de conducteur? Les mets que vous m'*avez servi* ne sont pas de mon goût.

Les blés *sortent* de terre. La rivière *est sorti* de son lit. Vous *sortiez* tandis que *j'entrais*. Les vaisseaux ne *sortiront* point du port. Je veux que ces élèves *sortent* de la classe.

Agissez comme au précédent exercice.

131ᵉ Exercice.

Verbes réguliers.

Nous *souffrons*, quand nous voyons souffrir les autres. *Souffriez-*vous beaucoup ce matin? Nos soldats *ont* bien *souffert* pendant les froids. Il *souffrit* beaucoup avant de mourir.

Nous *rêtons* chaque année douze enfants pauvres. Je revêtirai mes plus beaux habits pour aller vous voir.

Daniel *prévit* ce qui devait arriver plusieurs siècles après. Nous *prévoyions* cet accident.

Le tribunal *a absous* cet homme. Je doute qu'on vous *absolve* d'une pareille faute.

Je *conclus* de ce raisonnement que vous avez tort. Que voulez-vous que je *conclue* de toutes vos raisons? Ces traités que nous *avons conclu* sont-ils valables?

Le berger *conduisait* les moutons à l'étable, quand le loup lui en a *ravi* le plus beau. Il *conduisit* l'affaire à bonne fin.

Agissez comme au 129ᵉ exercice.

132ᵉ Exercice.

Verbes réguliers.

Je *confire* des abricots. Tu *connaître* mes parents. Vous *coudre* très-bien. Nous *craindre* le bruit des armes. Il *croire* qu'on veut le tromper. Cet enfant *croître* en âge et en sagesse; il *écrire* et *lire* parfaitement. Le soleil *luire* pour tout le monde. Il *mettre* beaucoup d'ardeur au travail. Ce moulin *moudre* bien. Nous *naître* tous avec le péché originel. Vos paroles *nuire* à ma réputation. Les troupeaux *paître* dans les prés. On dit que les sauvages *se teindre* le visage. Ce petit garçon *paraître* soumis à ses parents. Vous *peindre* avec art. Les manières de ce jeune homme me *plaire*. Mon frère *rire* et *pleurer*. Il *suivre* l'exemple de son vertueux père. Il *taire* les fautes qu'il a commises. Le bois de Brésil *teindre* en rouge l'eau où on le jette. C'est ma sœur qui *traire* les vaches de la ferme. Le sage *vaincre* ses passions. Nous *vivre* de peu.

Mettez au présent de l'indicatif, à la personne qui convient, les verbes écrits en italique.

133ᵉ Exercice.

Verbes réguliers.

Imparfait de l'indicatif.—Je *vaincre* autrefois tous mes rivaux. Il *teindre* fort bien les étoffes qui lui étaient confié. Cet enfant ne se *taire* jamais pendant la classe; il *rire* presque continuellement pendant que ses petits camarades *lire* et *écrire*; aussi ne *plaire* il guère au maître ni à ses parents. Cet artiste *peindre* fort bien dans sa jeunesse. Les brebis *paître* en liberté dans les champs. Les limaçons *nuire* aux blés. Nous *mettre* toute notre confiance en vous. Nous *craindre* vos menaces. Ces petites filles *coudre* mal. Vous *connaître* mes défauts. Chaque année je *confire* des prunes et des cerises.

Passé défini.—Napoléon Iᵉʳ *naître* en 1769. Nous *plaire* au maître de la maison. Charlemagne *vivre* dans le 8ᵉ et le 9ᵉ siècle. Je *mettre* la main à l'œuvre et je *teindre* toutes les étoffes qu'on avait apporté. Les fautes que je *commettre* dans ma jeunesse me *nuire* beaucoup dans la suite. Ce petit enfant me *sourire*, puis *s'endormir* entre mes bras.

PASSÉ INDÉFINI. Adam après son péché, dit à Dieu : « Je *craindre* votre présence, et je me suis caché. » Nous *conduire* notre troupeau sur la montagne. Il y a vingt ans que je *naître*. Cet arbre *croître* rapidement.

Mettez au temps indiqué en tête de chaque alinéa chacun des verbes écrits en italique, et corrigez les participes, s'il y a lieu.

134ᵉ EXERCICE.
Verbes réguliers.

FUTUR DE L'INDICATIF.—Vous *mettre* tous vos soins à votre devoir. Je vous *peindre*, si vous le désirez. Cet enfant *suivre* vos traces. Vous *vivre* toujours dans mon souvenir. Vous *écrire* à votre oncle à l'occasion de sa fête. Nous ne *croire* plus cet enfant, s'il dit des mensonges. Tu *paraître* plus modeste à l'avenir.

IMPÉRATIF.—*Ecrire* et *lire* mieux que vous ne l'avez fait jusqu'à ce jour. *Suivre* le sentier de la montagne, et nous arriverons plus tôt au village.

SUBJONCTIF PRÉSENT.—Il n'est pas sûr que je vous *plaire*. Est-il possible que nous *croire* à votre parole qui nous a dupé si souvent? Pensez-vous que le meunier *moudre* mon blé demain? Est-il vrai que les vers *nuire* aux racines des plantes? Je ne crois pas que les juges *absoudre* ce scélérat. Je doute que vos enfants *craindre* leur maître. Il faut que tu *coudre* ton cahier solidement.

Agissez comme au précédent exercice.

135ᵉ EXERCICE.
Verbes irréguliers.

Ce chemin *aller* à Lyon. Les fripons *aller* ensemble. Ce laboureur *acquérir* chaque année une pièce de terre du produit de ses épargnes. Souvent on croit *courir* après les honneurs, les richesses et les plaisirs, et l'on *courir* à sa perte. Tu *cueillir* ce fruit trop vert. Il y a des contrées où les rois *mourir* presque tous de mort violente. Mon fils *tenir* le premier rang dans sa classe. Les aliments *soutenir* le corps. Je *revenir* de la campagne. Je m'*asseoir* à votre droite. Je *devoir* mon bonheur à vos parents. Ces enfants *recevoir* du maître la récompense qu'ils ont méritée. Il *falloir* que vous me tendiez la main. Ces hommes sont très-forts, ils *mouvoir* les fardeaux les plus lourds. Depuis quinze jours, il *pleuvoir* continuellement. Tu *pouvoir* me rendre ce service. Ils *savoir* mon secret. Cette étoffe *valoir* vingt francs le mètre. Je *vouloir* être plus laborieux à l'avenir. Ces hommes *boire* avec excès. Vous *dire* tout ce que vous *faire*. Ces enfants *prendre* la résolution de satisfaire leur maître ; ils *comprendre* déjà l'importance du travail.

Mettez au présent de l'indicatif, à la personne qui convient, les verbes écrits en italique.

136ᵉ Exercice.

Verbes irréguliers.

Passé défini. — Ses rares qualités lui *acquérir* la confiance de tout le monde. Ainsi *mourir* ce brave capitaine. Mes amis me *retenir* auprès d'eux plus d'un mois. Je fus transporté de joie, quand je *savoir* votre arrivée. Ils *voir* bien qu'ils se trompaient. Dans le festin d'hier, nous *boire* à votre santé. Nous *dire* nos noms au magistrat. Tu *faire* bien de rester hier à la maison, car il *pleuvoir* toute la journée. Ils me *prendre* sous leur protection.

Passé indéfini. — Un général romain, rendant compte d'une expédition, s'exprima ainsi : Je *venir*, je *voir*, je *vaincre*. Les biens qu'on *acquérir* par la ruse et la fourberie ne profitent point. Je *courir* de grands dangers à la dernière bataille. Cette femme *mourir* de faim. Le langage que vous *tenir* ne sied point à votre âge. Je *devoir* vous prévenir de mon dessein. Il *pleuvoir* tellement que tous les ruisseaux *sortir* de leur lit. Nous *faire* pour votre instruction tous les sacrifices que nous *pouvoir*. On ne doit plus boire, quand on *boire* suffisamment.

Mettez au temps indiqué en tête de chaque alinéa les verbes écrits en italique.

137ᵉ Exercice.

Futur. — Je *faire* tous mes efforts pour vous contenter. Nous vous *voir* avec plaisir marcher dans une meilleure voie. Je *savoir* reconnaître ce bienfait. Tu ne *pouvoir* vaincre cette difficulté. Il *pleuvoir* dans la soirée. Il *falloir* vous appliquer davantage à vos devoirs. Il *recevoir* les prix qu'il a mérités. Il *tenir* sa promesse. Il ne *mourir* point sans avoir reçu les secours de la religion. Ils *courir* de grands dangers. Nous *acquérir* de la renommée.

Conditionnel présent — Je *vouloir* bien aller à Paris. Nous *valoir* mieux, si nous suivions les préceptes de l'Évangile. Je m'*asseoir* à côté de vous, si vous le désiriez. Je *cueillir* cette rose, si vous le permettiez. S'il le fallait, nous *envoyer* un messager à la ville, ou mieux encore, nous *aller* nous-mêmes chercher le médecin.

Présent du subjonctif — Est-il nécessaire que j'*aller* à l'école? Je doute qu'il *acquérir* les bonnes grâces du maître. Il n'est point juste qu'elle *mourir*. Je ne crois pas que ces gens *tenir* leur parole. Il faut que l'on *percevoir* les droits sur ces eaux-de-vie. Je ne pense pas que ce jeune homme *mouvoir* cette lourde charge. Croyez-vous qu'il *pleuvoir* avant midi? Je doute que nos vaisseaux *pouvoir* seconder l'armée. Pensez-vous que cette étoffe *valoir* le prix qu'elle a coûté? Je n'affirme point que mon père *vouloir* assister à la cérémonie. Il ne faut pas que ces enfants *boire* de vin. Est-il nécessaire que je *prendre* un bain? Est-il sûr que vous *faire* tous vos efforts?

Agissez comme à l'exercice précédent.

138ᵉ Exercice.

Récapitulation sur les verbes.

Le Loup et le jeune Mouton.

Des moutons étaient en sûreté dans leur parc; les chiens *dormaient*, et le berger, à l'ombre d'un grand ormeau, *jouait* de la flûte avec d'autres bergers voisins. Un loup affamé *vint*, par les fentes de l'enceinte, *reconnaître* l'état du troupeau. Un jeune mouton sans expérience et qui n'*avait* jamais rien *vu*, *entra* en conversation avec lui. Que *venez*-vous chercher ici? *dit*-il au glouton. — L'herbe tendre et fleurie, lui *répondit* le loup. Vous *savez* que rien n'est plus doux que de *paître* dans une vaste prairie émaillée de fleurs, pour apaiser sa faim, et d'*aller éteindre* sa soif dans un clair ruisseau: j'*ai trouvé* ici l'un et l'autre. Que *faut*-il davantage? j'aime la philosophie qui enseigne à se contenter de peu. — Il est donc vrai, *repartit* le jeune mouton, que vous ne *mangez* point la chair des animaux, et qu'un peu d'herbe vous *suffit?* Si cela est, *vivons* comme frères, et *paissons* ensemble. Aussitôt le mouton *sortit* du parc dans la prairie, où le sobre philosophe le *mit* en pièces et l'*avala*.

Défiez-vous des belles paroles des gens qui se *vantent* d'être vertueux. *Jugez*-les par leurs actions, et non par leurs discours.

Analysez les verbes écrits en italique, en ayant soin d'en dire l'espèce, le temps, le mode, la personne, le nombre, les temps primitifs et la conjugaison.

CHAPITRE VI.

Du Participe.

139ᵉ Exercice.

Du participe présent.

Ces enfants, *jouant* sans cesse et ne s'*appliquant* pas à leurs devoirs, ont mécontenté leurs maîtres. Il a le visage d'une personne *mourant*. Cette pente est *glissant*. La chaleur est *accablant*. On voit dans les belles soirées d'automne beaucoup de vers *luisant*. Les abeilles, *voltigeant* de fleur en fleur, vont y pomper le suc dont elles font le miel. Cette histoire est *intéressant*. Ces mesures, *intéressant* tout le monde, ont besoin d'être expliquées et bien connues. Mes lettres ne me *parvenant* pas régulièrement, je me suis plaint de la négligence du messager chargé de me les apporter. C'est un homme d'une conversation fort *amusant*. Je n'aime pas les écoliers s'*amusant* sans cesse et *négligeant* leurs travaux.

Au printemps, tout charme les yeux ; ici, on voit des fleurs *naissant* ; là ce sont des troupeaux de bœufs et de moutons *broutant* l'herbe des prés, et des chèvres *grimpant* sur des rochers inaccessibles à l'homme ; plus loin, on trouve des bergers *folâtrant* dans la prairie ou *poursuivant* les papillons. Heureux le voyageur qui a le loisir de contempler, à cette époque de l'année, toutes les merveilles que la nature *renaissant* étale à ses yeux !

Corrigez les fautes, et rendez compte de chaque participe écrit en italique,

140º Exercice.

Du participe passé employé sans auxiliaire.

La cigogne *trompé* par le renard, trompa à son tour le rusé animal. Ma mère, *alarmé* par cette triste nouvelle, se hâta de revenir à Paris. Les fleurs, *éclos* le matin, sont souvent épanouies le soir. Ne tournez jamais en ridicule une personne *contrefait*. Les blés, *semé* avant l'hiver, produisent plus que ceux que l'on sème au printemps. Le tigre a une peau *tacheté* qui vaut un grand prix. La guerre *terminé*, le général rentra dans ses foyers. Le guerre entraîne à sa suite une foule de maux. Que de soldats *tué* ou *blessé* ! Que de maisons *détruit* ! Que de récoltes *perdu* ! Que d'enfants *devenu* orphelins ! Que de familles *laissé* sans ressources ! L'ouragan de la semaine dernière a été terrible : on a vu des arbres *déraciné*, des cheminées *abattu*, des toits *enlevé* et *transporté* à une grande distance, des maisons même *ébranlé* par la violence du vent. Ésaü, *enflammé* de colère, menaçait Jacob de la mort.

Agissez comme à l'exercice précédent.

141º Exercice.

Du participe passé accompagné de l'auxiliaire ÊTRE.

Une même fin n'est point *réservé* à l'innocent et au coupable. Les enfants dociles seront *loué* et *récompensé* par les maîtres. Les menteurs seront *haï* et *repoussé* de tout le monde. Les enfants paresseux sont en vain *exhorté* au travail. Ainsi fut *détruit* cette ville si *fortifié* qui avait été *bâti* à grands frais par une quantité innombrable d'ouvriers. Que serait *devenu* ma pauvre mère, si vous n'aviez veillé sur elle ! Que seraient *devenu* mon frère et ma sœur, si vous ne les aviez recueillis auprès de vous ! Plusieurs églises ont été *bâti* par Saint Louis, roi de France ; un grand nombre de monastères ou d'hospices ont été *fondé* par ce prince ; ce sont là autant de marques de sa piété et de son amour pour la nation qui a été *gouverné* par lui. Les ruses des écoliers ne sont point *ignoré* des maîtres. Les croisades sont des guerres qui ont été *entrepris* contre les infidèles pour mettre en liberté les chrétiens *accablé* sous le poids d'une dure servitude. Les travaux de la campagne sont *terminé* au mois de décembre : les récoltes ont été *ramassé* et *serré* dans les greniers ; les raisins ont été *cueilli* et *déposé* dans les cuves ; le vin a été *fait* et *renfermé* dans des tonneaux ; la terre enfin a été *labouré* et *ensemencé*.

Agissez comme au précédent exercice.

142ᵉ EXERCICE.

Du participe passé conjugué avec l'auxiliaire AVOIR.

Les plaisirs que vous avez *recherché* avec tant d'ardeur ont *altéré* votre santé. Les moyens que vous avez *employé* pour arriver à votre but sont des plus condamnables. Nous aurions souvent à rougir de nos plus belles actions, si le monde connaissait les motifs qui les ont *produit*. La terre rend toujours avec usure les dons qu'elle a *reçu*.

Un paysan *accablé* d'années et de fatigue, appelait un jour la mort. Celle-ci paraît sur-le-champ.— « Que me veux-tu ? lui dit-elle, car tu m'as *appelé*.— Secourez-moi, dit le vieillard tout tremblant, et aidez-moi à remettre sur mes épaules la charge que j'ai *déposé* au pied de cet arbre. » Cette réponse nous fait voir que les hommes tiennent à la vie, bien qu'ils aient éprouvé les plus grandes souffrances, bien que la misère et les soucis les accablent.

Où sont les palais qui ont été *élevé* à grands frais, il y a deux mille ans? Le temps les a *détruit*, comme il détruira nos monumeuts, auxquels nous consacrons aujourd'hui tant d'argent et de soins. Où est votre plume? je l'ai *perdu*. Où sont vos livres? je les ai *laissé* sur ma table de travail. Où avez-vous *placé* vos cahiers? le maître me les a *déchiré*. Nous vous avions *confié* des secrets, et vous les avez *révélé*. Nous vous avions *prêté* notre appui, et vous avez *manqué* de reconnaissance.

Agisssez comme à l'exercice précédent.

143ᵉ EXERCICE.

Du participe passé accompagné de l'auxiliaire
ÊTRE *mis pour* AVOIR.

Les dépenses que je me suis *imposé* pour l'éducation de mes enfants ont *fait* une large brèche à ma fortune. Ma sœur s'est *souvenu* et se souviendra toujours de vos bienfaits. Des voleurs se sont *glissé* à travers la haie qui entoure mon jardin, et ont *pénétré* dans ma maison pendant mon absence. Ils se sont *emparé* de tous les objets qui se sont *trouvé* sous leurs mains, et ils se sont *retiré* après avoir *fureté* partout. Ce prince s'est *approprié* les terres des peuples qu'il a *vaincu*. Ces enfants s'étaient *appliqué* à leurs devoirs, et s'étaient *efforcé* de vous contenter; il est fâcheux qu'ils n'aient pas *réussi* au gré de leurs désirs. Ces deux généraux se sont *donné* des marques d'une amitié profonde. Dans la dernière entrevue qu'ils ont *eu*, ils se sont *renouvelé* les sentiments d'affection qu'ils s'étaient déjà *exprimé* tant de fois auparavant. Y a-t-il dans le monde une condition plus pénible que celle des personnes qui se sont *chargé* d'instruire et d'élever la jeunesse. Nos soldats se sont *acquitté* avec courage et avec succès de la mission difficile qui leur avait été *donné*. Ils se sont *battu* avec bravoure, et les ennemis qui un moment s'étaient *cru* maîtres du champ de bataille, ont été *repoussé* avec une perte considérable.

Agissez comme au précédent exercice.

CHAPITRE VII.

De la préposition.

144ᵉ EXERCICE.

Des prépositions.

Je donnerai à cet enfant la récompense qu'il a méritée par sa conduite et son travail. Les richesses ne sont désirables qu'après l'honneur et la santé. Je vous attends avant la fin de l'année. Le général partit avec vingt mille hommes. Je logerai chez mon ami. Saint Bernard naquit en Bourgogne. Le voleur s'est caché derrière la maison. Les sujets se révoltent quelquefois contre leur souverain. Ce jeune homme vit dans l'oisiveté. Les aigles font leurs nids dans les rochers. Votre ami reviendra-t-il de la campagne avant la fin du mois? Le camp fut établi entre deux rivières. Il s'est montré ingrat envers son bienfaiteur. Jules tient le premier rang parmi ses camarades. Tous les élèves ont été punis excepté Alphonse. Soyez attentif pendant la lecture. Je me dirigerai vers l'Italie. Les chiens veillent pour nous pendant la nuit. Je ne partirai point sans vous. Semez pour récolter. Songez à faire des provisions pour l'hiver. Je sortis après avoir déjeûné. Donnez aux pauvres selon vos moyens.

Relevez les prépositions et indiquez les mots mis en rapport par chacune d'elles. Vous commencerez ainsi: à *met en rapport* enfant *et* donnerai, *et* enfant *est le complément indirect de* donnerai.

145ᵉ EXERCICE.

Locutions prépositives.

Il s'assit à côté de moi. La rivière passe près de la ville. Cet enfant n'est heureux qu'auprès de sa mère. Vous parlerez au ministre en faveur de mon père. Je n'irai point à la promenade à cause du mauvais temps.

Peu d'hommes arrivent jusqu'à la vieillesse. Ce soldat fut cité devant le conseil de guerre. La citadelle s'élève au dessus de la ville. Le village où vous allez se trouve au delà de cette épaisse forêt. Tous les hommes furent enrôlés pour la guerre à l'exception de ceux que des infirmités rendaient impropres au service des armes. L'armée passa le fleuve au-dessous de Paris. Il porte un gros manteau par-dessus ses vêtements. Un bataillon français, s'étant laissé envelopper par les ennemis, se fit jour à travers leurs rangs. Rendez-moi ce service avant de sortir. Il loge vis-à-vis l'église. Heureux ceux qui habitent loin des villes.

Agissez comme à l'exercice précédent.

CHAPITRE VIII.

De l'adverbe.

146ᵉ EXERCICE.

Des adverbes et des locutions adverbiales.

Dieu est présent partout. Vous niez aujourd'hui votre faute, demain vous l'avouerez. Deux ans se sont déjà écoulés depuis votre départ. J'irai vous voir après-demain. Je reviendrai bientôt ici. L'homme est né pour le travail, c'est une vérité que mon maître m'a répétée souvent. Le froid est moins piquant aujourd'hui qu'hier. Vous agissez prudemment. Les eaux du fleuve coulent lentement. Résistez hardiment aux méchants. Le général espérait remporter facilement la victoire. D'où venez-vous ? Mon oncle ne vient pas me voir ; peut-être est-il malade. On se repent d'ordinaire d'avoir trop parlé. Les prairies aiment beaucoup l'humidité. Nous aimons peu la flatterie. Vous cherchez plus le plaisir que le travail. Ayez moins de vices et plus de vertus. Nous ne sommes pas malades. Je ne suis point malheureux. Le voleur erre çà et là. On dit que la vérité sort toujours de la bouche des enfants. J'eus autrefois bien des malheurs. La santé de ma mère me chagrine beaucoup. J'ai longtemps souffert; je me porte mieux à présent.

Relevez les adverbes et les locutions adverbiales et indiquez les mots qu'ils modifient. Vous commencerez ainsi:

Partout *modifie* présent.

CHAPITRE IX.

De la conjonction.

147ᵉ EXERCICE.

Des conjonctions et des locutions conjonctives.

Aimons et adorons la Divinité. Nous sommes heureux ou malheureux suivant que nous sommes vertueux ou méchants. Il ne faut ni jurer ni tromper, car Dieu le défend dans ses commandements. Ce jeune homme passe pour un élève studieux, mais il a le défaut de mentir. Les mauvais écoliers méritent d'être punis; or vous êtes un mauvais écolier, donc vous méritez d'être puni. Je ne sais où est allé mon frère; il a disparu depuis deux jours; recherchez-le avec soin et ramenez-le moi mort ou vif. Quand on vous questionnera, vous répondrez. Dès que les froids auront cessé, je ferai le voyage que j'ai projeté. Je ne pense pas que vous puissiez résoudre cette difficulté. Honorez vos parents, afin que vous soyez honoré un jour. Je jugerai mieux de cette affaire, lorsque je l'aurai étudiée. J'obéirai, puisque vous l'avez ainsi décidé. Quoiqu'il soit pauvre, il est honnête homme. Aimez tous les hommes comme s'ils étaient vos frères. Vous m'avez donné votre parole, par conséquent vous êtes obligé de la tenir, à moins que vous ne vouliez être accusé de perfidie. Je me rendrai ce soir chez vous, ainsi que je vous l'ai promis.

Relevez les conjonctions et les locutions conjonctives, et faites connaître les noms ou les membres de phrase qu'elles unissent.

CHAPITRE X.

De l'interjection.

148ᵉ Exercice.

Des interjections.

Hélas! je souffre; faites appeler le médecin. Ah! que je suis heureux de vous voir! O mon fils! suis mes conseils, et tu trouveras le bonheur. Oh qu'il est difficile de se modérer au sein de l'opulence! Oh! oh! je ne prenais point garde à cette difficulté. Grand Dieu! qu'avez-vous fait! Fi! retirez-vous de ma présence. Plût au ciel que ma maison, toute petite qu'elle est, fût pleine de vrais amis! Bon! j'ai réussi au gré de mes désirs. Courage! mes amis, dans peu de temps votre tâche sera remplie. Silence! Messieurs, écoutez l'orateur. Eh! qui aurait pu croire que vous me trahiriez! Eh! venez ici. Allons! mes enfants, mettez plus d'ardeur au travail. Hélas! que deviendrons-nous, si vous nous abandonnez.

Soulignez les interjections.

CHAPITRE XI.

149ᵉ Exercice.

RÉCAPITULATION GÉNÉRALE.

Phrases détachées.

Les *champ* (1) que votre père a *labouré* ont produit une *abondant* récolte. La nouvelle que vous m'avez *appris* m'a causé une *grand* joie. Grâce aux *connaissance* que vous avez *acquis* pendant votre jeunesse, vous pourrez remplir *cette* emploi avec succès. Ces *enfant* ont fait

---

(1) Les mots en italique sont écrits contrairement aux règles de la grammaire dans cet exercice et dans les suivants; c'est à l'élève de les écrire correctement.

de *grand* progrès ; quand je les ai *vu*, il y a un an, ils étaient bien *arriéré*. Les *ennemi* que nos *soldat* ont *battu* dans toutes les *rencontre* qu'ils ont *eu* avec eux, ont enfin abandonné la ville après l'avoir *incendié*. Les *fruit* que vous avez *recueilli* avant leur maturité se sont *conservé* longtemps. On m'a refusé la permission que j'avais *demandé*. Malgré la peine que je me suis *donné*, malgré les embarras de toute espèce que j'ai *éprouvé*, je n'ai pu réussir dans l'entreprise que j'avais *formé*.

Corrigez les fautes, analysez les verbes et rendez compte de chaque participe.

150º Exercice.

Même sujet.

Phrases détachées.

Si votre repentir est sincère, nous vous *pardonnon* les *faute* que vous avez *commis*. Noé *sorti* de l'arche, lorsque les *eau* se furent *retiré*. Les *plante* ont beaucoup souffert de la grande sécheresse. La comète qui a paru l'an *dernier*, est la même qui s'est *montré*, il y a douze *an*. Avez-vous accepté la place que mon oncle vous a *offert* ? — Non, je l'ai *refusé*. Connaissez-vous le jeune homme qui a sauvé la vie aux deux *petit* enfants qui *jouait* sur le bord du canal et qui y *était tombé* par mégarde ? Etes-vous satisfait des progrès des jeunes gens que j'ai *confié* à vos *soin* ? L'armée *français* s'est *emparé* de la citadelle. Ces *enfant* se sont *repenti* de leurs *faute* ; ils ont travaillé avec plus d'ardeur ; aussi je leur donnerai les récompenses que je leur ai *promis*.

Agissez comme au précédent exercice.

151º Exercice.

Même sujet.

Histoire de Joseph.

L'histoire de Joseph est très-*intéressant* ; je l'ai *raconté* à mes *neveu*, je veux aussi vous en parler. Jacob eut douze *enfant*, qui lui furent *donné* par deux *épouse*, Lia et Rachel. Joseph, l'un d'eux, était haï de ses *frère*, qui le *vendire* à des *marchand* après l'avoir accablé de mille *mal*. Joseph fut conduit en Egypte, où il fut vendu à Putiphar, officier du roi. Bientôt il est accusé d'une faute qu'il n'a pas *commis*, et on le *jète* en prison. Mais Dieu ne l'abandonne pas dans son malheur; il l'inspire, et Joseph peut expliquer deux *songe* qu'avait *eu* le roi et sur lesquels tous les *devin* de l'Egypte avaient été *consulté* inutilement. L'interprétation *donné* par Joseph satisfait le roi qui le nomme son premier ministre.

Agissez comme à l'exercice précédent.

152ᵉ Exercice.

Même sujet.

Suite de l'histoire de Joseph.

Les *prédiction* qu'avait *fait* Joseph se *vérifière*. Pendant sept *an*, la terre *produisi* d'*abondant* récoltes. Les *peuple* des pays *étranger* qui ne *connaissait* pas le sort qui leur était réservé ne *songère* point à faire des provisions pour l'avenir. Joseph, au contraire, pendant les sept *année* de fertilité, fit remplir de *grain* les *grenier public*. Bientôt la disette arriva. C'est alors que Joseph tira le plus grand profit des *blé* qu'il avait *amassé*. Tous les *peuple voisin* vinrent s'approvisionner auprès de lui. Les *grain* furent *vendu* fort cher, et l'Egypte vit augmenter ses *richesse* et sa puissance. Le roi de ce pays, pour récompenser les *service* de Joseph, lui donna une terre fertile, sur les *bord* du Nil, où vint s'établir Jacob avec toute sa famille, *composé* de soixante et dix *personne*.

Agissez comme au précédent exercice.

153ᵉ Exercice.

Même sujet.

Le beau temps.

« Je *vouderais* bien que le soleil pût toujours *luir !* » s'écria Frédéric un jour où la pluie *tombai* par torrents. Bientôt son désir *s'accompli*. Pendant plusieurs mois il ne parut pas le plus petit nuage à l'horizon. La terre fut bientôt *desséché* ; les *fleur* du jardin de Frédéric ne tardèrent pas à se faner ; enfin une *long* sècheresse causa les plus *grand dommage*. « Tu *voi* maintenant, mon fils, lui dit son père, que la pluie est pour le moins aussi nécessaire que le beau temps. S'il ne pleut pas, les *récolte* souffrent, les *prairie* jaunissent, les *animal altéré* ne trouvent plus d'eau pour se rafraîchir. »

Il ne serait pas bon non plus, pour nous autres mortels, de n'avoir que des *jour serein et heureu*. Pour parvenir à la vertu, il faut être mis à l'épreuve par la tristesse et l'affliction.

Agissez comme au précédent exercice.

154ᵉ Exercice.

Même sujet.

Les épis.

Un *villageoi* alla un jour visiter son champ pour voir si les *épi serait* bientôt *parvenu* à leur maturité. Il était accompagné de son fils, le petit Arthur.

Regardez, papa, lui dit l'enfant sans expérience, comme quelques-unes des *tige* du blé *tienne* leur tête *droit* et *haut* : ce sont apparemment les *meilleur* ; voyez maintenant ces *autres tige*; elles se *baisse* presque jusqu'à terre; elles sont sans doute bien loin de valoir les *première.* »

Le père *cueilli* quelques *épi* et dit : « Regarde un peu, mon enfant, *cette épi* qui *dressai* si fièrement la tête est tout-à-fait vide; au contraire, celui qui s'inclinait avec tant de modestie est rempli des plus *beau grain.*»

L'homme orgueilleux manque souvent d'esprit et de cœur.

Agissez comme au précédent exercice.

155ᵉ Exercice.

Même sujet.

Caïn et Abel.

Adam et Ève, *chassé* du paradis terrestre eurent à souffrir tous les *mal* que leur désobéissance avait *attiré* sur eux. Ils furent *obligé*, pour vivre, de cultiver la terre à la sueur de leur front; les *souci* et les *chagrin* vinrent assiéger leur cœur; les *maladies* accablèrent leur corps. Parmi leurs *enfant*, l'Écriture cite Caïn et Abel. Le premier s'appliquait à l'agriculture; le second gardait les *troupeau.* Tous les deux, à l'exemple d'Adam et d'Ève, offrirent des *présent* au Seigneur; mais leurs *disposition* étaient bien *différente.* Le Seigneur agréa les *don* qu'Abel lui avait *offert* et *rejetta* ceux de Caïn. Celui-ci *conçu* contre son frère tant de jalousie qu'il le tua. Bientôt la voix de Dieu se *fi* entendre au meurtrier : « Caïn qu'as-tu fait de ton frère? — Je ne *sai* ce qu'il est devenu, répondit-il; suis-je donc le gardien de mon frère? » Le Seigneur irrité *maudi* Caïn, qui passa le reste de ses jours dans les *inquiétude* et les *tourments.*

Agissez comme au précédent exercice.

156ᵉ Exercice.

Même sujet.

Le cep de vigne.

Un jardinier avait planté près de sa maison un cep de vigne, dont les *feuille couvrai* toute la largeur de la muraille et qui *portai* des *raisin délicieu*.

Ce cep excita l'envie d'un voisin qui vint en couper la nuit les plus *belle branche*.

Le lendemain matin, le jardinier fut fort affligé, en voyant ce qui était arrivé ; car dans ce temps-là on *ignorai* encore combien la taille fait fructifier la vigne.

« Les *larme* me *vienne* aux *yeu*, dit le jardinier, en voyant ce beau cep mutilé. » Mais cette même année le cep *produisi* les plus *beau raisin*, et en plus grande quantité qu'il n'en avait jamais porté.

Cet incident donna au jardinier l'*heureux* idée de tailler la vigne pour la rendre plus *productif*.

Agissez comme au précédent exercice.

157ᵉ Exercice.

Même sujet.

Le cheval volé.

Le plus beau cheval d'un paysan fut volé une nuit dans son écurie. Celui-ci se *rendi* alors à un marché aux *cheval*, qui se *tenai* à quinze *lieue* de là, dans l'intention d'en acheter un autre.

Il fut bien étonné d'y reconnaître sa bête parmi celles qui étaient *exposé* en vente. Il la *saisi* par la bride, en s'écriant : « Ce cheval m'*appartien* ; il y a trois *jour* qu'on me l'a dérobé. »

« Vous vous trompez, mon cher ami, dit fort poliment celui qui *voulai* vendre l'animal, il y a plus d'un an que j'ai ce cheval ; ce n'est pas le vôtre ; mais il se peut qu'il ait quelque ressemblance avec lui. »

Le paysan *mi* vite ses deux *main* sur les *yeu* du cheval, en s'écriant : « Eh bien ! si l'animal vous *appartien* depuis si longtemps, *disez*-moi de quel œil il est borgne ? »

Agissez comme à l'exercice précédent.

158ᵉ EXERCICE.

Même sujet.

Suite du cheval volé.

L'autre qui était vraiment le voleur du cheval, mais qui ne l'avait pas examiné en détail, resta tout interdit. Cependant il *devai* dire quelque chose, il *répondi* au hasard : « c'est de l'œil gauche. »

« Vous n'y êtes pas, dit le paysan, l'animal n'est pas borgne de l'œil gauche. » — Ah ! s'écria le fripon, je me suis trompé : c'est de l'œil droit qu'il ne voit pas. »

Alors, le paysan *découvri* les *yeu* du cheval, en disant : « Il est évident maintenant que tu n'*est* qu'un fripon et un menteur. Regardez, messieurs, le cheval n'est ni borgne ni aveugle. J'ai fait ces *question* seulement pour mettre le vol au jour.

Le voleur, obligé de rendre le cheval, fut emprisonné, et subit la punition qu'il avait *mérité*.

Agissez comme au précédent exercice.

SUPPLÉMENT

EXERCICES
D'ANALYSE GRAMMATICALE

Nom, article et adjectif.

1. Le papier blanc. La piqûre de (1) l'abeille. Les chiens fidèles. Le chien du berger. La bonté de Dieu. Les élèves dociles. Le pain excellent. Votre beau chapeau.

2. Mon grand jardin. La gloire du Seigneur. L'homme vertueux. Le témoignage de la conscience. La pluie nécessaire aux semailles. Les plaisirs purs de l'enfance. Cette boisson salutaire. Deux beaux arbres. Le tremblement de terre. Les montagnes de la Suisse.

3. Le talent du peintre. La générosité de Paul. La source du fleuve. Le père et (2) la mère chéris. Le loup et le chien ennemis. Les beaux monuments de Lyon. Une longue vie. Quelques moutons. Trois agneaux.

4. Le huitième jour. Les grandes pluies. Les chaleurs de l'été. L'arche de Noé. Adam et Eve, nos premiers parents. Tous les animaux de l'Afrique. Aucun soldat. La sagesse de l'Empereur. Votre champ fertile. La récompense de la vertu.

5. Le prix du travail. Le sommeil court et léger. Chaque pays, chaque habitude. Tel père, tel fils. L'ombre des bois. La capitale de la France. Le temps du repos. La mère et le fils malheureux. La nuit et le jour égaux. Les tyrans cruels.

---

(1) *De*, préposition.
(2) *Et*, conjonction.

6. Les légumes excellents. L'œil du maître. Les métaux utiles, Les chapeaux de paille. Le séjour de la campagne. Le bateau du pêcheur. Cet hôpital ancien. Ce haut clocher. Leurs travaux. Les ténèbres épaisses. La jeunesse légère.

7. Racine et Corneille, poètes célèbres. Pierre et Jean, enfants studieux. Londres et Paris, villes grandes et belles. La séance publique. La grammaire grecque. Les sentiers étroits de cette forêt. La pâleur de cet enfant malade.

Pronom et verbe ÊTRE.

8. Paul est laborieux. Je serai complaisant. Nous étions riches. L'obéissance est la première qualité (1) d'un écolier. Ils étaient impatients. Mes frères sont polis. Vous fûtes dociles. Tu avais été peureux.

9. Celui-ci est bon, celui-là est méchant. Le défaut de celui-ci, le mérite de celui-là. Ceci est utile, cela est agréable. Votre maison est commode, la mienne est étroite. Mon voisin est ennuyeux, le vôtre est complaisant.

10. L'enfant qui est paresseux est méprisable. Dieu qui est tout-puissant sera miséricordieux. Aucun de nos généraux. Quelqu'un de vos serviteurs. Je serai utile à (2) chacun de vos frères. Plusieurs de vos camarades. Les uns sont hardis. les autres sont poltrons.

Verbes actifs.

Sujets et compléments directs.

11. Les écoliers remplissent leurs devoirs. Les brebis broutent l'herbe des prés. Les nuages obscurcissent le soleil. Les conquérants désirent la gloire. Nous appellerons vos amis. Ne perdez point (3) votre temps.

---

(1) *Qualité*, attribut de *obéissance*.
(2) *à*, préposition.
(3) *Ne—point*, locution adverbiale.

12. Les soldats français ont terrassé leurs ennemis. Nous étudierons nos leçons. J'ai lu tous les livres de votre bibliothèque. Nul médecin n'a guéri tous ses malades.

13. La grêle a dévasté nos champs. Le feu du ciel a dévoré cette maison. François Ier et Louis XIV ont protégé les arts. Nous avons commencé nos travaux, vous achèverez bientôt (1) les vôtres.

Compléments indirects. — Pronoms compléments.

14. Je donnerai une récompense aux élèves studieux. Tu as écrit une longue lettre à ton ami. J'ai confié ma bourse à un fripon. Je détournerai mon frère du vice.

15. On avait promis une montre à cet enfant. Ne refusez point la nourriture aux indigents. Rendez à César les biens de César. Vous accorderez un congé aux élèves.

16. Rendez-moi le service que je vous ai demandé. La lune reçoit du soleil la lumière qu'elle nous envoie. Je vous pardonne les fautes que vous avez commises. Vous avez divulgué le secret que je vous avais confié.

17. Les ennemis ont livré la ville à nos soldats. Les hommes sacrifient souvent à leurs passions leur jeunesse, leur santé et leur repos. On m'a volé les livres que vous m'aviez prêtés.

18. Donnez à vos camarades l'exemple du travail et de la soumission. Honorez votre père et votre mère ; donnez-leur les soins qui leur sont nécessaires. J'espère ce service de votre obligeance.

19. Je vous amène mes fils ; instruisez-les et corrigez leurs défauts. Etudiez votre leçon et récitez-la moi. Les païens élèvent des autels aux idoles. Caïn et Abel offrirent des sacrifices au Seigneur.

---

(1) *Bientôt,* adverbe.

Verbes passifs. — Verbes neutres.

20. Les enfants dociles sont chéris de leurs parents et de leurs maîtres. Le monde fut créé par Dieu. L'avare songe à ses trésors. Tu obéiras à tes maîtres. Les moutons sont couverts de laine.

21. La paresse conduit à la misère. Adam et Eve désobéirent à Dieu. La terre est éclairée par le soleil. Les arbres ont été déracinés par le vent. Les Philistins furent vaincus par Samson.

22. Le soleil luit pour (1) tout le monde. Le retour du printemps est annoncé par les hirondelles. Je suis tombé de cheval. La rivière a débordé. Les froids sont venus; les feuilles des arbres tombent. Le renard était attiré par l'odeur du fromage.

23. Quand (2) l'été sera arrivé, je voyagerai. Joseph était haï de ses frères. Les méchants seront punis et les bons seront récompensés. Je serai parti de Paris, quand vous recevrez ma lettre. Je suis parvenu à mon but. Si vous étiez arrivé plus tôt (3), vous seriez parti avec (4) nous.

Verbes réfléchis. — Verbes impersonnels.

24. Je me suis égaré. Ma sœur s'est trompée. Il pleuvra. Il a tonné. Je ne sortirai pas, s'il neige. Nous nous sommes ennuyés. Nos soldats se sont emparés du camp des ennemis.

25. Vous vous êtes privés des choses nécessaires. Les Français se sont couverts de gloire. Vous vous repentirez de votre conduite. Les sauvages se nourrissent de poissons crus. Le temps s'écoule. L'heure de la mort approche.

---

(1) *Pour*, préposition.
(2) *Quand*, conjonction.
(3) *Plus tôt*, locution adverbiale.
(4) *Avec*, préposition.

26. Il tonnait. Il ne grêlera pas. La coupe de Joseph se trouva dans le sac de Benjamin. La Seine se jette dans (1) la Manche. Nous nous asseyerons sous ces arbres, quand il ne pleuvra plus (2). Ces maisons se sont écroulées.

27. On s'ennuie dans la société des sots. Quand on attaque le chat, il se défend. Les voleurs se sont échappés de la prison. Ces deux élèves se sont distingués par leur bonne conduite. S'ils agissent ainsi (3), ils se déshonoreront.

28. Appuyez-vous sur (4) moi, et vous marcherez mieux (5). Cet enfant est malpropre, qu'il s'essuie le visage. Si (6) le temps est beau, je me promènerai. Je me suis souvenu des services que vous m'avez rendus.

Mots invariables.

29. Conduisez-vous sagement. Nous nous sommes promenés hier. Ces dames chantent bien. Ici on cultive la vigne ; ailleurs on cultive les céréales. Aussitôt l'animal furieux bondit et s'élance sur sa proie.

30. Puisque vous m'avez désobéi, vous serez puni. Si vous m'aviez prévenu de votre arrivée, vous seriez mieux traité. Vous tenez mal votre plume. Ce fardeau est trop lourd. Les hirondelles quittent nos pays, lorsque les premiers froids arrivent.

31. Je partirai demain pour Paris. Nous habiterons la ville pendant l'hiver. Ah! vous m'effrayez! Oh! je suis content de vous revoir! Courage! vous réussirez, si vous avez de la persévérance. Les oiseaux se perchent sur les arbres.

32. Obéissez sur-le-champ. Chut! écoutons, on entend au loin une musique délicieuse. Tant que les hom-

---

(1) *Dans*, préposition.
(2) *Ne—plus*, locution adverbiale.
(3) *Ainsi*, adverbe.
(4) *Sur*, préposition.
(5) *Mieux*, adverbe.
(6) *Si*, conjonction.

mes ont vécu en bonne intelligence, ils ont joui du bonheur. Après le déluge, la durée de la vie des hommes fut beaucoup diminuée.

33. Tobie était vertueux et charitable envers les malheureux; il distribuait des secours à tous les hommes indigents; il nourrissait ceux qui avaient faim, et habillait ceux qui étaient nus. Il aimait à faire du bien; aussi Dieu le récompensa.

Récapitulation.

La bourse.

34. Benoît, fils d'un pauvre charbonnier, était assis un jour (1) sous un arbre, au milieu (2) d'une forêt. Il se lamentait, pleurait à chaudes larmes et priait Dieu avec ferveur.

35. Un seigneur, vêtu d'un habit vert et portant une étoile sur la poitrine, chassait justement dans ce bois. Il s'approcha aux cris de l'enfant, et lui demanda la cause de ses larmes.

36. Hélas! dit Benoît, mon père m'avait envoyé à la ville pour payer l'apothicaire et le médecin qui ont soigné ma mère malade. J'ai eu le malheur de perdre la bourse qu'il m'a remise et l'argent qu'elle renfermait.

37. Le seigneur parla bas au chasseur qui l'accompagnait, et tira ensuite de sa poche une bourse de soie rouge, où se trouvaient quelques pièces d'or toutes neuves.

38. « Cette bourse est peut-être la tienne? demanda-t-il. » — « Oh! non, reprit Benoît, la mienne valait peu, et elle ne contenait pas de pièces d'or. »

39. « Celle-ci t'appartient alors, » dit le chasseur, en tirant de sa poche une bourse très-commune. — « C'est la mienne, » s'écria Benoît, tout (3) transporté de joie en la recevant dans ses mains.

---

(1) *Un jour,* locution adverbiale.
(2) *Au milieu de,* locution prépositive.
(3) *Tout,* adverbe.

40. « Mon enfant, dit alors le seigneur, je te fais présent aussi de cette bourse avec l'argent qu'elle renferme en récompense de ta confiance en Dieu et de ta probité.

41. Un autre garçon, nommé Étienne, apprit cette aventure. Aussitôt que le seigneur retourna dans la forêt pour y chasser, le petit fripon s'assit sous un sapin, hurlant et criant : « O ma bourse ! ma bourse ! j'ai perdu ma bourse. »

42. Le seigneur s'approcha également à ses cris, et lui montra une bourse pleine d'or. — «As-tu perdu cette bourse ? demanda-t-il. » — « Oui, cette bourse m'appartient, » répondit Étienne, en étendant les deux mains pour la saisir.

43. Le chasseur dit alors d'une voix courroucée : « Tu es un effronté ! Oses-tu bien ainsi me tromper ! Je vais te payer d'une autre monnaie. » Prenant alors une baguette de coudrier, il châtia l'imposteur aussi sévèrement qu'il le méritait.

Le miroir.

44. Antoine et sa sœur Pauline aperçurent un jour (1) à la fenêtre le miroir de leur mère, et coururent s'y regarder. Antoine était fort beau, et souriait avec complaisance à son image.

45. Pauline, que la petite vérole avait un peu défigurée, se mit à pleurer en voyant son visage dans la glace. Sa mère survint en ce moment.

46. « Mon cher Antoine, dit elle, ne t'enorgueillis pas d'une beauté passagère, et prends garde de te la détruire avant le temps par des (2) passions coupables.

47. « Et toi, Pauline, console-toi, en pensant que la beauté du corps est un bien périssable, et tâche, ma chère enfant, de la remplacer par celle de la vertu, qui est plus durable. »

---

(1) *Un jour*, locution adverbiale.
(2) *Des*, article composé employé comme adjectif indéfini.

La pierre.

48. Un homme riche, s'étant querellé avec un pauvre journalier, lui jeta une pierre que le pauvre ramassa et mit dans sa poche. « Un temps viendra, pensa-t-il, où je pourrai la rendre à mon ennemi. »

49. Le riche réduit à la mendicité par son orgueil, sa fainéantise et sa prodigalité, passa un jour, couvert de haillons, devant la cabane du pauvre. Celui-ci alla chercher sa pierre pour en frapper l'infortuné. Mais tout à coup il s'arrêta en disant :

50. « Je vois maintenant qu'on ne doit jamais se venger; car si notre ennemi est riche et puissant, la prudence nous le défend ; s'il est malheureux, nous agirions avec cruauté. Dans l'un et l'autre cas, la vengeance est indigne d'un honnête homme et d'un chrétien. »

PREMIERS ESSAIS
d'analyse logique.

Sujets et attributs simples et incomplexes.

La vie est un voyage. La charrue est utile. L'encre est noire. Tu seras récompensé. Il a été sage. Ce livre est bon. Le froid est vif. La neige tombe. Paul étudiera. Le cheval est fougueux. Les justes seront heureux. Nous sommes mortels. Vous riez. Nous pleurons. La campagne est agréable. Le navire a péri. La tempête fut affreuse. Nos jours sont comptés. La montagne est haute.

Le tonnerre gronde. La journée sera belle. Le mur n'est pas solide. La voiture a versé. Le chien est fidèle. Les laboureurs travaillent. Les raisins sont excellents. Le champ a été ensemencé. Le pré aurait été fauché, si la saison eût été meilleure. Nous ne sommes pas coupables.

Le jardin sera vendu. Arthur a été puni. L'enfant dormira. La pluie ne cesse pas. La lune est cachée. La nuit sera noire. La moisson fut abondante. Le fleuve est débordé. Nous nageons. Le général fut vaillant. La ville fut prise. Les prisonniers périrent.

Sujets et attributs composés.

L'eau et le feu sont contraires. Le vice et la vertu sont opposés. La ville est grande et belle. Le fleuve est rapide et profond. La maison est humide et malsaine. Adam et Eve ont péché. Caïn et Abel étaient frères. Vous et moi mourrons.

Charles et François ne sont point attentifs. Cicéron et Démosthènes furent éloquents. Le Rhône et la Saône sont débordés. Les champs et les prés sont inondés. Cette histoire est instructive et amusante. Ma leçon est difficile et longue.

Jules et André sont impolis et paresseux. Cette étoffe est jolie et forte. Les flatteurs et les trompeurs sont détestés. Le pauvre et le riche mourront. Le loup et la brebis ne sont point amis. Ces poires ne sont ni belles ni bonnes.

Sujets et attributs complexes.

Les mauvaises compagnies sont pernicieuses. Les feuilles tombent des arbres. La force du lion est étonnante. Le laboureur cultivera ses champs. Le berger conduit son troupeau au pâturage. L'or est un métal précieux. Le printemps approche; nous entendrons bientôt les chants du rossignol; les prairies verdiront; les arbres fleuriront; le ciel sera plus pur.

Les enfants sages respectent leurs parents. Alexandre et César ont acquis une grande renommée. L'envie accompagne la gloire. J'ai reconnu la voix de mon père. La religion plaît aux belles âmes. Je fuirai l'homme ingrat. La guerre et la paix dépendent souvent du caprice d'un seul homme. La fortune est inconstante; ses faveurs sont fugitives et trompeuses.

Vous ne manquerez pas à vos devoirs. Le monde est l'ouvrage de Dieu. Le loup et l'agneau, pressés par la soif, vinrent au même ruisseau. La gloire et la richesse sont périssables. Le murmure des eaux retentit autour de moi. Les joies du monde nuisent à la vertu.

Le langage de la vérité est simple. La science et la vertu sont les véritables ressources de la vie. Je chéris mes bons parents. La honte est réservée au crime. L'ivrognerie et la gourmandise sont viles et méprisables.

J'ai reçu aujourd'hui la visite de mon ami. L'été est venu ; la chaleur est accablante ; les blés jaunissent ; le cultivateur prépare ses greniers ; on fauche les prés ; les troupeaux gardent l'étable au milieu du jour ; les sources des ruisseaux sont taries.

Les enfants doués d'un bon caractère recherchent la compagnie des vieillards ; ils écoutent leurs sages conseils, ils font des progrès dans la vertu. Dieu nous délivrera de nos maux. Les bœufs, les chevaux, les brebis et les étables furent entraînés par la violence des eaux.

Des différentes espèces de propositions.

La récolte serait plus abondante, si la saison était plus favorable. Je crois que les pluies empêcheront la rentrée des grains. Celui qui sait réprimer ses passions et pratiquer la vertu est véritablement heureux.

Les habitants de la campagne ne possèdent point de palais somptueux ; ils ne portent point de riches vêtements ; cependant ils sont très-heureux et ils aiment leur condition ; cela prouve que le bonheur consiste surtout dans une vie simple, calme et modeste.

Les abeilles tiennent le premier rang entre les insectes. Elles ramassent le miel, qui est un suc très-doux et très-sain ; elles composent de la cire que l'on emploie à une infinité d'usages. Elles se cachent pendant l'hiver, car elles ne pourraient supporter toutes les rigueurs de cette saison. Elles sortent de leurs cellules et vont à l'ouvrage quand les fleurs reparaissent ; elles ne perdent aucun jour, lorsque le temps le permet. Les unes bâtissent, les autres polissent, et d'autres préparent la nourriture. Les travaux sont surveillés avec soin; les abeilles paresseuses sont notées, châtiées et souvent punies de mort.

Les deux Renards.

Deux renards entrèrent la nuit, par surprise, dans un poulailler; ils étranglèrent le coq, les poules et les poulets; après ce carnage, ils apaisèrent leur faim. L'un, qui était jeune et ardent, voulait tout dévorer; l'autre, qui était vieux et avare, voulait garder quelques provisions pour l'avenir. Le vieux disait : Mon enfant, l'expérience m'a rendu sage; j'ai bien vu des choses depuis que je parcours le monde. Ne mangeons (1) pas tout notre bien en un seul jour. Nous avons fait fortune; ménageons le trésor que nous avons trouvé. Le jeune répondit : Je veux tout manger en ce moment et me rassasier pour huit jours, car nous ne pourrions plus revenir ici demain; le maître, pour venger la mort de ses poules, nous assommerait. Après cette conversation, chacun prit son parti. Le jeune mange tant qu'il meurt le soir même dans son terrier. Le vieux, qui aime mieux modérer ses appétits et vivre d'économie, retourne le lendemain à sa proie, et est assommé par le maître.

Ainsi chaque âge a ses défauts : les jeunes gens sont fougueux et insatiables dans leurs plaisirs; les vieux sont incorrigibles dans leur avarice.

---

(1) Le sujet du verbe à l'impératif se sous-entend : ici *mangeons* a pour sujet *nous*.

OUVRAGES DE M. MARY.

Principes gradués de Lecture, *livre des commençants*, ouvrage approuvé par M. le Ministre de l'Instruction publique, in-12, broché (36 pages).

Principes gradués de Lecture, *premiers exercices de lecture courante*, ouvrage approuvé, in-12, cartonné (96 pages).

Ces deux ouvrages sont aussi renfermés en 20 tableaux.

Petite grammaire française, ouvrage approuvé, in-12, cartonné (96 pages).

Premiers exercices d'Orthographe et d'Analyse, appliqués à la petite grammaire française approuvée, in-12, cartonné (96 pages).

Arithmétique raisonnée et appliquée des écoles primaires, in-12, cartonné (132 pages).

Exercices de Calcul et recueil de problèmes d'Arithmétique, in-12, cartonné (120 pages).

Solutions des problèmes d'Arithmétique, in-12, broché.

www.ingramcontent.com/pod-product-compliance
Lightning Source LLC
Chambersburg PA
CBHW070320100426
42743CB00011B/2488